Autores
Neus Sans Baulenas
Ernesto Martín Peris
Agustín Garmendia
Emilia Conejo

Revisión pedagógica
Luisa Pascual, Nuria Guasch

Asesoría pedagógica
Carmen Agenjo, Laura Díaz, Pilar González Ruiz,
Penny Johnson, Blanca Palacio, Carmen Ruiz, Ana Vargas,
Lieve Vervoort

Coordinación editorial
Pablo Garrido, Emilia Conejo

Diseño gráfico
Grafica

Maquetación
Pedro Ponciano, Pablo Garrido

Ilustraciones
Juanma García Escobar
(www.juanmagarcia.net)

Corrección
Carmen Aranda

Locutores
Iñaki Calvo, Gloria Cano, William Correa, Sebastian Cramer,
Gibson Garcia, Luis García Márquez, Agustín Garmendia,
Pablo Garrido, Lucile Lacan, Henry Lara, Philippe Liria,
Xavier Miralles, Dianne Moiz, Edith Moreno, Emma Peraza,
María Pineda, Neus Sans, Brahim, Carmen Mora,
Sergio Troitiño, Ainara Munt

Agradecimientos
Camper, librería A Punto, centro comercial Xanadú, Las Tablas,
Museo Sorolla, José Antonio Gil Martínez, Yolanda Sandoval,
Alba Vilches, Francisco Herrera, Begoña Montmany, Agustín
Yagüe, Pablo Martínez Gila, Carmen Ramos, Antonio Orta, Ester
Lázaro, Jose Castro, Familia Hoyas Garrido, Carmen Aranda,
Lidia Gestoso

difusión
Centro de
Investigación y
Publicaciones
de Idiomas, S.L.

C/ Trafalgar, 10, entlo. 1ª
08010 Barcelona
Tel. (+34) 93 268 03 00
Fax (+34) 93 310 33 40
editorial@difusion.com

www.difusion.com

© Los autores y Difusión, S.L. Barcelona 2016
ISBN: 978-84-16347-64-3
Impreso en España por Novoprint

CÓMO ES
BITÁCORA
NUEVA EDICIÓN

Un cuaderno de bitácora es el libro en el que los marinos anotan el estado de la atmósfera, los vientos, el rumbo, la fuerza de las máquinas con que se navega o las velas que se utilizan, la velocidad del buque y las distancias navegadas, observaciones astronómicas para la determinación de la situación del buque, así como cuantos acontecimientos de importancia ocurran durante la navegación.

BITÁCORA es un manual moderno e innovador que permite trabajar al mismo tiempo y de manera sencilla con tres ejes: el **enfoque léxico**, el **enfoque orientado a la acción** y el **desarrollo de la autonomía** del aprendiz.

Para la nueva edición hemos contado con el **asesoramiento de profesores de centros educativos de todo el mundo** que han compartido su experiencia con nosotros.

Fruto de esta **reflexión conjunta**, surge una **nueva estructura para las unidades**, con un **itinerario muy claro**, **nuevas secciones** y **referencias al material complementario** que se puede utilizar en cada momento. Todo ello facilita el uso del Libro del alumno y la integración de todos los componentes a lo largo de la secuencia didáctica.

Al final del manual encontrarás además un **resumen gramatical**, un **diccionario de construcciones verbales** y una **sección de preparación al DELE**.

EN CADA UNIDAD VAMOS A ENCONTRAR:

- **PUNTO DE PARTIDA**
- **DOSIER 01**
- **AGENDA DE APRENDIZAJE 01**
- **TALLER DE USO 01**
- **DOSIER 02**
- **AGENDA DE APRENDIZAJE 02**
- **TALLER DE USO 02**
- **ARCHIVO DE LÉXICO**
- **PROYECTOS**

LOS ICONOS

Actividad con audio

Material proyectable de apoyo

Actividad con vídeo

Ejercicios del Cuaderno

Descárgate los audios en
http://bitacora.difusion.com/audios.zip

A1
Marco de
referencia
europeo

BITÁCORA
NUEVA EDICIÓN

1

**Curso
de español**

MP3
descargable

Neus Sans Baulenas
Ernesto Martín Peris
Agustín Garmendia
Emilia Conejo

Libro del alumno

Créditos

Fotografías

Violeta de Lama

excepto: **Cubierta** Phooey/iStockphoto, Stevanzz/Dreamstime, Loca4motion/Dreamstime **Unidad 0** pág. 16 Gerard Roche/Difusión; pág. 17 Patrick George/Flickr, Jenny Downing/Flickr, wikimedia, Album/Oronoz, Pablo Asorey/Flickr, Javier Habladorcito/Flickr, Tomas Fano/Flickr, Pattrick Enache/Dreamstime, Joe Lewis/Flickr, DrJimiGlide/Flickr, ilaria/Flickr, Andrew Michaels/Flickr; pág. 18 Silvia Siles/Flickr, LeonRafael/Dreamstime, Carsten Tolkmit/Flickr, carterse/Flickr, Héctor Rodríguez/Flickr, Ricardo Ricote/Flickr; Alexstar/Dreamstime **Unidad 1** pág. 23 Filmprofessor; pág. 24 Christian Draghici/Dreamstime, quien.net, Album/Oronoz, Natallia Charkesava/Dreamstime, Starstock/Dreamstime; pág. 25 Fahrner78/Dreamstime, 88and84/Dreamstime, Luchschen/Dreamstime; pág. 27 Difusión; pág. 28 Andre Deak/Flickr, Elifranssens/Dreamstime; Martyn Unsworth/Dreamstime, Anna Tatti, Darij & Ana/Flickr, Toniflap/Dreamstime, Ignasi Such/Dreamstime, Lanabyko/Dreamstime, 3Neus_Flickr, Carlos Mora/Dreamstime, Adalberto H Vega/Flickr, Simon Hack/Dreamstime, Maciej Czekajewski/Dreamstime, Martyn Unsworth/Dreamstime, Anyaivanova/Dreamstime, Stelios Kyriakides/Dreamstime, Erik Cleves Kristensen/Flickr, Richard Gunion/Dreamstime, Wangkun Jia/Dreamstime, Anna Tatti, Audrey Sel/Flickr, Otto Dusbaba/Dreamstime, Jorge Andrade/Flickr; pág 31 amazon.es; pág. 33 Isselee/Dreamstime, Sara Winter/Dreamstime, Drugoy66/Dreamstime **Unidad 2** pág. 35 Difusión, Tinamou/Dreamstime; págs. 36-37 3djuegos, skyphoto/Fotolia, Difusión, liveinfo.fr, elcorteingles.com, aceitesvinoscarnesyjamonesgourmet, gourmetdealmeria, Bodo011/Fotolia, bibliotecaiie.wordpress, tiendaprado.com, Camper, finewinesdirectuk, hyppercasa.com.br, Andy Brown/Dreamstime; pág. 39 amazon.es, ropadeportivaonline.es, finewinesdirectuk.com, articulo.mercadolibre.com.ar, georginagoodman.com, skyphoto/Fotolia, museodelarte.blogspot.com, lacasadelllibro.com, hyppercasa.com.br, amazon.es, lavioletaonline.es, aceitesvinoscarnesyjamonesgourmet.com, Andy Brown/Dreamstime, zalando.es, Camper, gourmetdealmeria.com; págs. 40-41 José Castro; pág. 43 David Acosta Allely/Dreamstime; pág. 44 ratonesexpress.tumblr.com; pág. 45 thegoodlifestore.com **Unidad 3** pág. 47 Professorfilm.com; pág. 48-49 coveralia.com, filmaffinity.com, cruvi.cl, Eduardo Parra/Wire Image, Quim Llenas/Getty Images, Javier Fernandez Del Corral/GettyImages, MJ Kim/Getty Images, Gary Wolstenholme/Getty Images, Gareth Cattermole/Getty Images; págs 52-53 Steve Granitz/Wire Image, blogs.20minutos.es, Caroline Schiff/Getty Images, Denis Makarenko/Dreamstime, lavozdemichoacan.com.mx, aficioncentral.com, Pierre-Philippe Marcou/AFP/Getty Images, cubanosporelmundo.com, Paco Elvira/Cover/Getty Images, restauracionnews.com, todoshow.infonews.com, heraldo.es; pág. 57 finance.yahoo.com **Unidad 4** pág. 59 Difusión; págs. 60-61 Jose Castro; págs. 63-64 toxa/iStockphoto, Jose Castro; pág. 69 Emilio García/Flickr **Unidad 5** pág. 72 Difusión, Album/Prisma, David Sacks/Gettyimages, tapeanding.com, Centro comercial Xanadú; pág. 73 beroomers.com; pág. 75 Antonioreal/Dreamstime, Juan Moyano/Dreamstime, Rustypelicans/Dreamstime, Conchasdiver/Dreamstime, sumnews.info; pág. 76 Val_th/Dreamstime, Jose Castro; pág. 79 Vladischern/Dreamstime; pág. 81 santiagoturismo.com, Juliengrondin/Dreamstime, Nickolay Stanev/Dreamstime, Daryabriz/Dreamstime **Unidad 6** pág. 83 Juan Moyano/Dreamstime, Luca Santilli/Dreamstime, Yeraylc/Dreamstime, Petro Perutskyy/Dreamstime, Fosterss/Dreamstime, Margouillat/Dreamstime, Jorge Cacho/Dreamstime, Alexander Pladdet/Dreamstime, Carlos Soler Martinez/Dreamstime, Vivilweb/Dreamstime, Carlos Soler Martinez/Dreamstime; pág. 85 jules-stonesoup/Flickr, Alvaro German Vilela/Dreamstime, Javier Lastras/Flickr, Triángulo del Cafe, Travel/Flickr, Les Chatfield/Flickr, Ignotus the Mage/Flickr, Javier Lastras/Flickr, Jeremy Keith/Flickr, boca_dorada/Flickr, tnarik/Flickr, Ron Diggity/Flickr, Jesús Solana/Flickr, orse/Flickr; pág. 87 Gerard Roche; págs. 88-89 einalem/Flickr, Hamner/fotos/Flickr, forca/Dreamstime, google.maps, Pablo González/Flickr, cherrylet/Flickr, Juan Pablo Olmo/Flickr, Manel Zaera/Flickr, Gabrieldome/Dreamstime, Carmen Steiner/Dreamstime, Dmitrijs Gerciks/Dreamstime, Andriy Rovenko/

Dreamstime, ajonesdgc.wordpress.com; pág. 91 Andriy Rovenko/Dreamstime, Pavel Ivanov/Dreamstime; pág. 92 Ron Lima/Dreamstime; pág. 93 Studio3dplus/Dreamstime, Kuhar/Dreamstime, Vladimir Tomovic/Dreamstime **Unidad 7** pág. 95 Difusión; pág. 96 Taiga/Dreamstime, Adreslebedev/Dreamstime; pág. 97 Yury/Dreamstime; pág. 99 Michał Rojek/Dreamstime; pág. 100 Valery Shanin/Dreamstime, Jesse Kraft/Dreamstime; pág. 103 Steve Allen/Dreamstime, proeco.over-blog.es, iverotravelchile.com, Wikimedia Commons, pág. 105 Ignasi Such/Dreamstime **Unidad 8** pág. 107 Professorfilm, pág. 108-109 Siarhei Hashnikau/Dreamstime, Denys Prokofyev/Dreamstime, Ocusfocus/Dreamstime, es.makemefeed.com; pág. 112 GettyImages, raquelflottaprensa.com.ar, Sbukley/Dreamstime, perfilesdeamerica.com, coolspotters.com, Wikimedia Commons, cinefiesta.pt, Robert Marquardt/GettyImages, GettyImages, walpaperpimper.com; pág. 113 freepik.com; pág. 116 Andreusk/Dreamstime **Unidad 9** pág. 119 Difusión, Jose Antonio Gil Martinez/Flickr, Lunamarina/Dreamstime, José Antonio Gil Martínez/Flickr, caminodesantiago.consumer.es, Jane023_wikimedia, JoJan_wikimedia; pág. 122 Hunk/Dreamstime, Ahmet Gündo an/Dreamstime, Tatyanaego/Dreamstime, Richard Nelson/Dreamstime, Fotoskat/Dreamstime, Kanstantsin Prymachuk/Dreamstime, Photo25th/Dreamstime, Juan Moyano/Dreamstime, Ludmilafoto/Dreamstime, Anton Samsonov/Dreamstime, Didecs/Dreamstime, Dulsita/Dreamstime, Inara Prusakova/Dreamstime; págs. 125-126 King Ho Yim/Dreamstime, arvind grover/Flickr, panoramio.com, Lars0001_wikimedia, Dmitriyrnd/Dreamstime, cooperatingvolunteers.com; pág. 127 Karenr/Dreamstime; pág. 129 José Lledó/Dreamstime, tbemus_Flickr **Sección de preparación al DELE** pág. 157 Robert Schulz/Dreamstime, Monkey Business Images/Dreamstime, Balate Cristian Mircea/Dreamstime, Angelo Cordeschi/Dreamstime; pág. 158 Radovan Mlatec/Dreamstime, Jorge Salcedo/Dreamstime, Finepics/Dreamstime; pág. 159 Wavebreakmedia Ltd/Dreamstime, Feng Yu/Dreamstime, Ian Wilson/Dreamstime, Mark Eaton/Dreamstime, Murdock2013/Dreamstime, Fabio Formaggio/Dreamstime, Jacques Kloppers/Dreamstime, Fernando Gregory/Dreamstime; pág. 160 88and84/Dreamstime, Peanutroaster/Dreamstime, Juliana Galluccio/Dreamstime, Krzyssagit/Dreamstime, viasverdes.com, Lenutaidi/Dreamstime; pág. 161 Pavel Losevsky/Dreamstime, Artemfurman/Dreamstime, Eduardo Huelin/Dreamstime, Dimbar76/Dreamstime, Iakov Filimonov/Dreamstime, Syda Productions/Dreamstime, Grafner/Dreamstime, Arteclip/Dreamstime, Sigur1/Dreamstime, dialnet.unirioja.es, Emilia Conejo; pág. 162 Visivasnc/Dreamstime; pág. 163 Stephan Bock/Dreamstime, Dmitrii Kiselev/Dreamstime, Andres Rodriguez/Dreamstime, Dave Bredeson/Dreamstime, Emilija Manevska/Dreamstime, Alexander Pladdet/Dreamstime, Katarzyna Bialasiewicz/Dreamstime, Robwilson39/Dreamstime, Milos Tasic/Dreamstime, Boggy/Dreamstime, Lawmoment/Dreamstime, David May/Dreamstime, Ninoak/Dreamstime, Pindiyath100/Dreamstime, David May/Dreamstime, Emilia Conejo, Georgii Dolgykh/Dreamstime, Diego Vito Cervo/Dreamstime, Kati Molin/Dreamstime, Vvvita/Dreamstime; pág. 166 Vasja Podbrš ek/Dreamstime, gonmi/Flickr, Okea/Dreamstime, Iakov Filimonov/Dreamstime, Oodfon/Dreamstime, Nicolasmenije/Dreamstime, Komprach Sapanrat/Dreamstime, edans/Flickr, gonmi/Flickr; pág. 168 Sergey Dzyuba/Dreamstime, Lukas Blazek/Dreamstime; pág. 170 Brett Critchley/Dreamstime; pág. 175 Valeriy Bochkarev/Dreamstime, Vtlmiller/Dreamstime, Viovita/Dreamstime, Andre Nadeau/Dreamstime.

LAS UNIDADES DE BITÁCORA
PUNTO DE PARTIDA

La sección **Punto de partida** comprende dos páginas. La página de la izquierda incluye una portadilla con el **título de la unidad** y una **nube de palabras**. En la página derecha se encuentran el **índice de contenidos** de la unidad y las **actividades para trabajar con las nubes y el vídeo**.

La nube de palabras
Contienen el **vocabulario esencial de cada unidad**. En la página derecha se proponen actividades para utilizar las nubes en clase y que los estudiantes puedan **recuperar conocimientos previos**, **activar estrategias de inferencia** ante vocabulario nuevo y, en definitiva, tener un **primer contacto con los contenidos léxicos y temáticos** de la unidad.

Los estudiantes se enfrentan a la comprensión de los textos con con una preparación previa del vocabulario.

El vídeo de la unidad
Se incluye una sección dedicada al vídeo que acompaña a la unidad, lo que permite entrar en el tema de forma motivadora.

El soporte audiovisual y la contextualización facilitan una primera aproximación a los contenidos temáticos y lingüísticos de la unidad.

LAS UNIDADES DE BITÁCORA
DOSIERES 01 Y 02: TEXTOS

Cada unidad incluye dos **dosieres**: **Dosier 01** y **Dosier 02**. Cada dosier ocupa dos páginas e incluye **uno o varios textos** (al menos uno escrito y uno oral) **y sus actividades** correspondientes.

Los textos escritos
- Textos interesantes y actuales: documentos que el alumno querría leer en su propia lengua.
- Una visión moderna y plural del mundo de habla hispana.
- Temas variados y para todos los gustos.
- Textos equiparables a los auténticos pero adecuados al nivel de los alumnos.

Los textos orales
- Diferentes variedades y acentos.
- Documentos divertidos e interesantes.
- Audiciones que no suenan artificiales.
- Españoles e hispanoamericanos hablando con naturalidad.

Los textos son variados e interesantes, y, a partir de ellos, el estudiante puede desarrollar sus competencias receptivas. Las imágenes lo van a ayudar a entender y a acercarse a la realidad hispanohablante.

LA SIESTA

Jorge Herrera
Estudiante

"Al mediodía, cuando salgo de la universidad, voy a hacer deporte: al gimnasio o a correr un rato. Como algo en casa y, luego, por la tarde, estudio. Pero no duermo."

Laura Santos
Alumna de 1° de ESO

"Yo como todos los días en el colegio. Después de comer, vamos al patio un rato y jugamos o hablamos antes de volver a clase."

Raúl Pinilla
Funcionario

"Yo soy funcionario y tengo horario intensivo. Salgo a las 15 h y como muy tarde, a las 16 h o así, pero después duermo un rato."

Tomás Fernández y Teresa Suárez
Comerciantes

"Nosotros cerramos la tienda a las 13.30 h y vamos a casa, porque vivimos muy cerca. Comemos tranquilamente y yo duermo unos minutos en el sofá. Mi marido no: él lee el periódico, ve la tele... Luego volvemos a la tienda. Abrimos a las 17 h."

60 | sesenta

LAS UNIDADES DE BITÁCORA
DOSIERES 01 Y 02: ACTIVIDADES

Antes de leer
Se trata de actividades que preparan al estudiante para la lectura o la escucha de un determinado texto.

Texto y significado
Se incluyen actividades que ayudan a comprender los textos orales y escritos, proporcionando objetivos para su lectura o audición y estrategias para enfrentarse a ellos.

Texto y lengua
Se analiza el uso de la lengua en los textos para centrar la atención en algunos fenómenos léxicos, gramaticales o discursivos.

Con lápiz o con ratón
Bajo este epígrafe se proporcionan actividades de escritura (individual o cooperativa) o de búsqueda de información en internet.

¿Qué es la siesta?
En Latinoamérica y España, algunas personas duermen después de comer. En general, no duermen más de una hora y no lo hacen en la cama. Eso es la siesta.

Necesitamos la siesta
Necesitamos la siesta por razones biológicas: después de comer, la sangre se concentra en el sistema digestivo y provoca sueño, especialmente cuando hace calor. Científicamente está demostrado que una siesta de 20 minutos (o menos), mejora la salud y reduce el estrés. Además, si dormimos una pequeña siesta, descansamos mejor por la noche.

La siesta: ¿realidad o leyenda?
Los días laborables, la mayoría de las personas no tiene tiempo para la siesta. Trabajan por la mañana y por la tarde y, durante la pausa del mediodía, comen cerca del trabajo o en el trabajo. Por eso, solo los fines de semana o durante las vacaciones comen en casa y pueden dormir la siesta.

 ◀)) 17-21

1. Marisa Chacón
Jubilada

2. Lucía Peña
Médica de familia

3. Eva Canales
Maestra de educación infantil

4. Pedro Ibáñez
Comercial

5. Javier Durán
Empleado de supermercado

01
LA SIESTA

Antes de leer
La siesta

 A

¿Qué ideas asociamos con la palabra **siesta**?

 B

Con dos compañeros, antes de leer los textos, tratamos de contestar a estas preguntas.

1. ¿Qué es la siesta?
2. ¿Crees que todo el mundo duerme la siesta en España? ¿Todos los días?
3. ¿Y en tu país?
4. ¿Crees que es una buena costumbre dormir la siesta? ¿Por qué?

— *Yo creo que es...*
— *En España se duerme...*
— *Muchos españoles duermen...*

Texto y significado
Los españoles y la siesta

 C

Leemos los textos y buscamos las respuestas a las preguntas de **B**.

 D 🎵 1-2-3

Leemos los testimonios de las personas que acompañan el artículo. ¿Quiénes duermen la siesta? ¿Qué hace la mayoría? Comparamos nuestros resultados con los de un compañero.

E ◀)) 17-21 🎥 3 🎵 4

Escuchamos los otros testimonios y anotamos por qué duermen y por qué no duermen la siesta las personas de la grabación.

Texto y lengua
Acciones cotidianas

F 🎵 5-6-7-8-9

Nos fijamos en estas formas verbales que aparecen en los testimonios. ¿Cuál es el infinitivo correspondiente? ¿Son formas regulares o irregulares? Completamos la tabla.

	Infinitivo	Forma regular	Forma irregular
salgo	salir	☐	☒
voy		☐	☐
como		☐	☐
estudio		☐	☐
duermo		☐	☐
lee		☐	☐
ve		☐	☐

Los andamiajes son recursos lingüísticos o segmentos de lengua que se ponen a disposición del alumno para que construya su propio discurso.

LAS UNIDADES DE BITÁCORA
AGENDA DE APRENDIZAJE (01 Y 02)

Las agendas son un espacio para la gestión personalizada del aprendizaje que permite **comprender y fijar** los contenidos lingüísticos de cada dosier, así como **dirigir y controlar los progresos y necesidades propios**.

Las agendas constituyen una herramienta que, a diferencia de las tradicionales explicaciones gramaticales magistrales, **permite al grupo reflexionar activamente** sobre el funcionamiento y los aspectos formales objeto de aprendizaje en la unidad. ¿Cómo? Observándolos, descubriendo reglas y realizando pequeñas experiencias de aplicación.

Reglas y ejemplos
Espacio para la observación y descubrimiento de reglas gramaticales. En muchos casos, el estudiante se entrenará en la producción de enunciados que ejemplifiquen las reglas.

Palabras para actuar
Fórmulas y expresiones muy codificadas para realizar determinados actos de habla muy usuales en situaciones concretas de la vida cotidiana.

En español y en otras lenguas
Propuestas que permiten reflexionar sobre las semejanzas y las diferencias entre el español y otras lenguas que el estudiante pueda manejar.

Palabras en compañía
Presentación de campos léxicos y de las agrupaciones más frecuentes y útiles del vocabulario de la unidad.

Se incluyen remisiones a los ejercicios correspondientes del Cuaderno, al material proyectable y a las explicaciones del resumen gramatical.

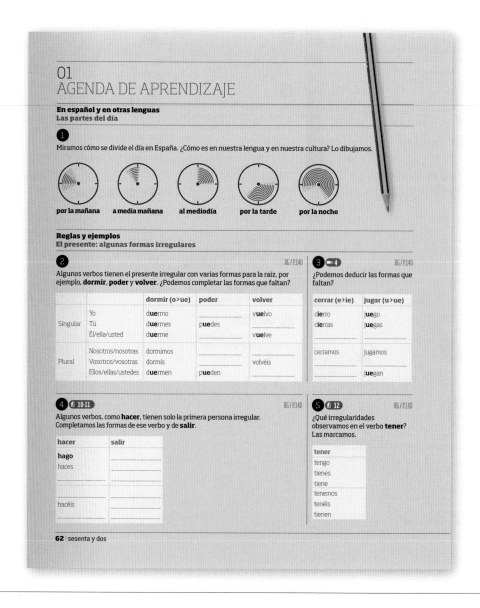

LAS UNIDADES DE BITÁCORA
TALLER DE USO (01 Y 02)

En esta **nueva sección** de cada dosier se proponen **actividades significativas** que deben resolverse en parejas, pequeños grupos o entre toda la clase **sin dejar de atender a la forma**. En ellas, de manera colaborativa pero muy guiada, **se ponen en práctica recursos lingüísticos** sobre los que el alumno acaba de reflexionar en la agenda.

En algunos casos se ofrece la posibilidad de compartir las actividades en un espacio digital común (una red social, un grupo de chat de un dispositivo móvil, un blog de aula, una plataforma de aprendizaje, etc.).

Las muestras de lengua proporcionan ejemplos de producciones orales que se pueden generar en la realización de una actividad

---

01
TALLER DE USO

En parejas
Nuestras rutinas

A

En parejas, preparamos preguntas para un compañero sobre los siguientes aspectos.

- **las comidas de los domingos**
- **actividades de los viernes por la noche**
- **actividades de los sábados por la mañana**
- **deportes**
- **actividades de después de cenar**
- **cenar durante la semana**
- **trabajar o estudiar**
- **salir de casa por la mañana**

— *¿Con quién...?*
— *¿Qué.... haces...?*
— *¿Qué haces los...?*
— *¿Cuándo sales...?*

❝ ¿Con quién comes los domingos? ❞

B

Hacemos las preguntas anteriores a un compañero de otra pareja. Decidimos por sus respuestas cómo es.

— *Es una persona (muy)... porque...*

- ☐ activa
- ☐ deportista
- ☐ dormilona
- ☐ sociable
- ☐ intelectual
- ☐ casera

- ☐ juerguista
- ☐ trabajadora
- ☐ ocupada
- ☐ _____
- ☐ _____

❝ —¿Qué deportes haces?
—En verano hago surf, y en invierno salgo a correr dos días por semana.
—Entonces eres bastante deportista, ¿no? ❞

En grupos
Nuestro día perfecto

C 📄 13-14-15

En grupos de tres, pensamos cómo es para nosotros un día perfecto. ¿Qué hacemos? ¿Dónde estamos? ¿Con quién? Tomamos notas.

Por la mañana temprano
dormir
A media mañana
desayunar tranquilamente con amigos
Al mediodía

Por la tarde

A media tarde

Por la noche

D

Ahora elaboramos un breve texto titulado "Nuestro día perfecto". Lo colgamos en la pared y leemos los de los demás grupos. Vamos a votar entre todos cuál es el día más perfecto.

NUESTRO DÍA PERFECTO

Dormimos hasta las 11 de la mañana

sesenta y tres | **63**

LAS UNIDADES DE BITÁCORA
ARCHIVO DE LÉXICO

El **Archivo de léxico** incluye actividades para trabajar con las **colocaciones** y las **unidades léxicas** de la unidad y propuestas con las que **el alumno hace suyo el vocabulario** propio de cada ámbito temático.

Como en la Agenda, se propone una **reflexión o activación personalizadas** y se incluyen remisiones a los ejercicios correspondientes del Cuaderno y referencias al material proyectable.

Palabras en compañía
Se sistematizan aquellos campos léxicos y colocaciones que tienen especial peso en la unidad al tiempo que se proponen actividades de fijación y memorización.

Mis palabras
Espacio para detectar y trabajar aquellas necesidades léxicas propias de cada alumno que han surgido como fruto de las actividades personalizadas. Así, el estudiante construye su léxico personal: el que necesita y desea aprender.

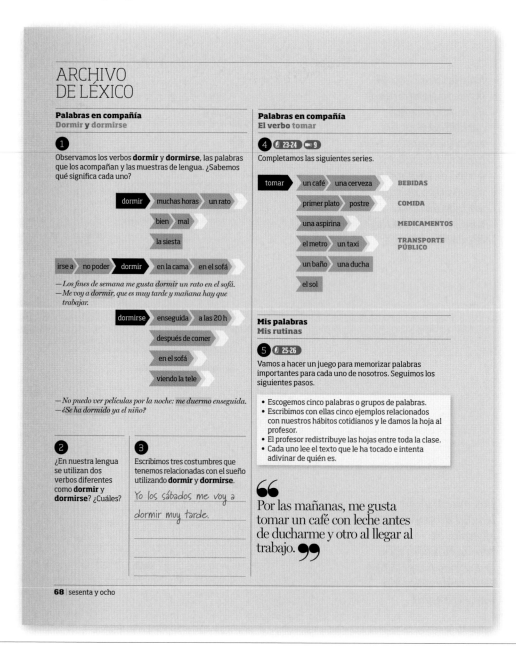

LAS UNIDADES DE BITÁCORA
PROYECTOS

Esta sección proporciona dos tareas finales que permiten actuar significativamente generando textos o participando en interacciones grupales. Una de ellas se realiza de manera cooperativa y la otra, de manera individual.

Proyecto en grupo
Se proponen tareas colaborativas orientadas a la elaboración de un producto. Con ellas se propicia el uso significativo de los aspectos más importantes trabajados en la unidad, el desarrollo de la competencia comunicativa y la integración de destrezas.

Proyecto individual
Se proponen tareas en las que el alumno puede poner en práctica de manera significativa los aspectos más importantes de la unidad. Tiene como objetivo primordial el desarrrollo de la expresión escrita.

Como en la sección Taller de uso, en muchos casos se ofrece la posibilidad de trabajar directamente en un espacio virtual compartido (una red social, un chat, mensajería de móvil …) con el objetivo principal de desarrollar la fluidez en la interacción escrita.

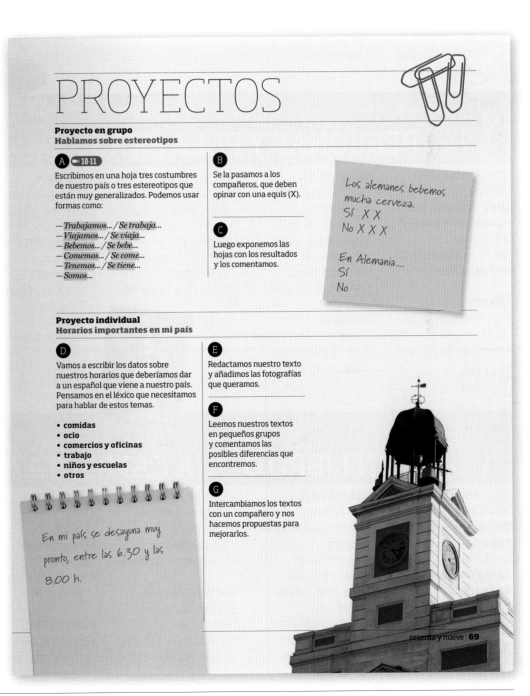

PROYECTOS

Proyecto en grupo
Hablamos sobre estereotipos

A 10·11
Escribimos en una hoja tres costumbres de nuestro país o tres estereotipos que están muy generalizados. Podemos usar formas como:

— *Trabajamos… / Se trabaja…*
— *Viajamos… / Se viaja…*
— *Bebemos… / Se bebe…*
— *Comemos… / Se come…*
— *Tenemos… / Se tiene…*
— *Somos…*

B
Se la pasamos a los compañeros, que deben opinar con una equis (X).

C
Luego exponemos las hojas con los resultados y los comentamos.

Los alemanes bebemos mucha cerveza.
Sí X X
No X X X

En Alemania….
Sí
No

Proyecto individual
Horarios importantes en mi país

D
Vamos a escribir los datos sobre nuestros horarios que deberíamos dar a un español que viene a nuestro país. Pensamos en el léxico que necesitamos para hablar de estos temas.

• comidas
• ocio
• comercios y oficinas
• trabajo
• niños y escuelas
• otros

En mi país se desayuna muy pronto, entre las 6.30 y las 8.00 h.

E
Redactamos nuestro texto y añadimos las fotografías que queramos.

F
Leemos nuestros textos en pequeños grupos y comentamos las posibles diferencias que encontremos.

G
Intercambiamos los textos con un compañero y nos hacemos propuestas para mejorarlos.

sesenta y nueve | 69

UNIDAD 0
TÚ, YO, NOSOTROS

P. 16

DOCUMENTOS
DOSIER 01
Test de personalidad

LÉXICO
- El abecedario
- Números del 0 al 10
- Saludos y despedidas
- **Y, o, también, ni… ni**

GRAMÁTICA
- Los pronombres personales sujeto
- El verbo **llamarse**

COMUNICACIÓN
- Intercambiar información personal (nombre, número de teléfono, dirección de correo electrónico)

- Preguntar por preferencias
- Presentarse y presentar a otro
- Saludar
- Utilizar estrategias para controlar la comunicación

UNIDAD 1
PERSONAS Y PALABRAS

P. 22

DOCUMENTOS
DOSIER 01
Diez razones para aprender español
DOSIER 02
Un mapa cultural del español

LÉXICO
- Los números de 0 a 100
- Nombres de países

GRAMÁTICA
- Raíz y terminación de los verbos
- El presente de los verbos regulares
- El verbo **ser**
- El verbo **tener**
- **Para** + sustantivo/ infinitivo
- **Porque**
- El demostrativo **esto**
- Los interrogativos **qué, cuál, cómo**

COMUNICACIÓN
- Dar información personal
- Expresar causa y finalidad
- Expresar conjetura: **creo que**…
- Identificar: **esto es**…

CULTURA
- La lengua española en el mundo
- Países del mundo hispanohablante
- Personajes del mundo hispanohablante
- Cosas típicas del mundo hispanohablante

PROYECTOS
- Escribimos un texto sobre un compañero.
- Hacemos una presentación sobre un país del mundo hispanohablante.

UNIDAD 2
¿UN LIBRO O UNA CAMISETA?

P. 43

DOCUMENTOS
DOSIER 01
De compras en España
DOSIER 02
Casi 70 millones de turistas

LÉXICO
- Viajes
- Turismo
- Compras

GRAMÁTICA
- Los artículos determinados: **el, la, los, las**
- Los artículos indeterminados: **uno, una, unos, unas**
- Los demostrativos: **este, esta, estos, estas, ese, esa, esos, esas**

- El género y el número de los sustantivos
- Usos de la preposición **de**
- La preposición **para**

COMUNICACIÓN
- Preguntar por el precio de algo
- Hablar de las compras que se hacen durante un viaje

CULTURA
- Productos típicos de España
- El turismo en España
- Cosas típicas del mundo

PROYECTOS
- Escribimos un texto sobre el turismo en nuestro país.

- Hacemos un catálogo para una tienda de recuerdos de nuestro país.

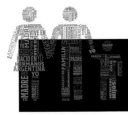

UNIDAD 3
SU PAREJA Y SUS HIJOS
P. 46

DOCUMENTOS
DOSIER 01
Los Alterio
DOSIER 02
Doce personajes imprescindibles

LÉXICO
• Profesiones
• Familia y relaciones personales
• Las nacionalidades

GRAMÁTICA
• El género de los sustantivos
• El género de los gentilicios
• Los posesivos átonos
• **del, de la**
• Los interrogativos **de dónde, cuántos**

COMUNICACIÓN
• Dar y pedir información personal (origen, edad, lugar de residencia, profesión y estado civil)
• Expresar conocimiento y desconocimiento: **no sé**

CULTURA
• Cine español y latinoamericano
• Personajes relevantes de la cultura hispanohablante

PROYECTOS
• Elaborar una ficha sobre un personaje famoso.
• Jugar a adivinar la identidad de un personaje famoso.

UNIDAD 4
TRABAJAR, COMER Y DORMIR
P. 58

DOCUMENTOS
DOSIER 01
La siesta
DOSIER 02
Comer tarde y dormir poco

LÉXICO
• **La mayoría de, muchos**

• **Dormir/dormirse**
• Las horas
• Los días de la semana
• El verbo **tomar**
• Las partes del día
• Hábitos cotidianos
• Algunos adjetivos para describir el carácter

GRAMÁTICA
• Los verbos irregulares
• Los verbos reflexivos
• **Se** + verbo en tercera persona
• Los interrogativos **con quién, cuándo**

COMUNICACIÓN
• Hablar de rutinas diarias
• Preguntar la hora y darla
• Hablar de horarios

CULTURA
• La siesta
• Los horarios en España

PROYECTOS
• Comentamos estereotipos sobre nuestro país.
• Escribimos los datos sobre nuestros horarios que debe conocer un español que viene a nuestro país.

UNIDAD 5
¿AL CINE O A TOMAR ALGO?
P. 70

DOCUMENTOS
DOSIER 01
Madrid de día y de noche
DOSIER 02
Nuestro tiempo libre

LÉXICO
• Actividades de ocio en una ciudad
• Ocio y aficiones
• **Jugar/tocar/hacer**
• **Ir a/en/de**

• **A mí también, a mí tampoco, a mí sí, a mí no**
• **Ningún, ninguna**

GRAMÁTICA
• Adjetivos calificativos
• **Muy, más**
• Los verbos de afección: **gustar, interesar**
• **Hay, no hay, está**
• **Me gustaría**

COMUNICACIÓN
• Expresar preferencias
• Hablar de frecuencia
• Expresar gustos, intereses y aficiones
• Expresar existencia y ubicación
• Expresar deseos

CULTURA
• Actividades de ocio en Madrid
• Algunos destinos turísticos del mundo hispanohablante

• Los españoles y el tiempo libre

PROYECTOS
• Elaborar una guía de lugares especiales de nuestra ciudad.
• Presentar una serie de propuestas de ocio para una capital hispanoamericana.

UNIDAD 6
PAN, AJO Y ACEITE

DOCUMENTOS
DOSIER 01
La comida rápida, versión española
DOSIER 02
Viajeros gourmets

LÉXICO
• Alimentos e ingredientes

• **Comer**, **beber** y **tomar**
• Las comidas del día

GRAMÁTICA
• El verbo **gustar**
• El verbo **preferir**
• El verbo **llevar**
• Cuantificadores: **mucho**, **poco**, **bastante**, **demasiado**

COMUNICACIÓN
• Hablar de comida
• Desenvolverse en un bar
• Hablar de productos e ingredientes
• Hablar de hábitos alimenticios
• Expresar gustos y preferencias

CULTURA
• Alimentos y platos típicos de España y Latinoamérica
• Las tapas
• Hábitos alimenticios en España y Latinoamérica

PROYECTOS
• Escribimos un texto sobre la comida rápida en nuestro país.
• Describimos un plato que conocemos.
• Decidimos la carta para un restaurante hispano.

UNIDAD 7
CIUDADES DEL NORTE, CIUDADES DEL SUR

DOCUMENTOS
DOSIER 01
Córdoba, una ciudad para pasear
DOSIER 02
Ciudades extraordinarias

LÉXICO
• La ciudad
• El tiempo
• Los meses
• Las estaciones

GRAMÁTICA
• **Estar** para indicar localización
• Números a partir del 100
• Frases de relativo con **que** y **donde**
• Superlativo relativo: **la ciudad más bonita del mundo**
• Expresar impersonalidad: **se puede/se pueden**

COMUNICACIÓN
• Describir una ciudad (cómo es, qué hay, qué se puede hacer...)
• Hablar del tiempo
• Destacar un elemento sobre todos los demás

CULTURA
• Córdoba
• Tres ciudades de Hispanoamérica
• Lugares de interés de España y América Latina

PROYECTOS
• Hacer un juego de preguntas y respuestas sobre ciudades.
• Escribir un texto sobre una ciudad.

UNIDAD 8
SALUD, DINERO Y AMOR

DOCUMENTOS
DOSIER 01
¿Vives o te estresas?
DOSIER 02
Guapos por dentro, guapos por fuera

LÉXICO
• Adjetivos para describir el aspecto y el carácter

• Cualidades de una persona
• Uso de los verbos **ser**, **tener**, **estar** y **llevar** para describir
• Los colores
• Partes del cuerpo

GRAMÁTICA
• **Más/menos**... **que**...
• **Más/menos**... **de**...

• **Tener que** + infinitivo
• Concordancia de los colores

COMUNICACIÓN
• Hablar de hábitos relacionados con el estrés
• Describir personas
• Aconsejar

• Expresar opinión: **me parece**, **para mí es importante**...
• Comparar

CULTURA
• Personajes famosos del mundo hispano

PROYECTOS
• Evaluar los hábitos de una persona y dar consejos para mejorar su calidad de vida

UNIDAD 9
¿A PIE O EN BICI?

P. 118

DOCUMENTOS

DOSIER 01
Kilómetros de emociones: El camino de Santiago
DOSIER 02
Del Caribe al Pacífico

LÉXICO
- Los viajes (transporte, alojamiento, equipaje…)
- La ropa
- **Lo normal/ frecuente es** + infinitivo
- **Es difícil/duro…**
- El conector **pero**
- Desplazamientos: **ir de…a.., pasar por , viajar por**

GRAMÁTICA
- Usos del verbo **poder**
- Impersonalidad
- **Si** + presente de indicativo
- El pretérito perfecto
- Participios regulares e irregulares
- **Ir a** + infinitivo
- El presente con valor de futuro
- Las preposiciones **en**, **a**, **de**, **por**

COMUNICACIÓN
- Expresar condiciones y recomendaciones
- Hablar de planes y proyectos
- Hablar de experiencias pasadas
- Valorar un viaje

CULTURA
- El camino de Santiago
- Costa Rica

PROYECTOS
- Presentar un lugar especial.
- Escoger una oferta de viaje y explicar las razones para su elección.

RESUMEN GRAMATICAL Y DICCIONARIO DE CONSTRUCCIONES VERBALES

P. 130

RESUMEN GRAMATICAL
- El abecedario
- Escritura y pronunciación
- Los numerales
- Cantidades
- Los artículos
- Los nombres
- Los adjetivos
- La comparación
- Los demostrativos
- Los posesivos átonos
- Cuantificadores y gradativos

- Los pronombres
- Preposiciones y marcadores
- Frases interrogativas
- La negación
- Afirmar, negar, expresar coincidencia
- Tiempos verbales: el presente
- Tiempos verbales: el pretérito perfecto
- Hablar del futuro: **ir a** + infinitivo, presente

- Verbos de afección: **gustar**, **encantar**, **interesar**
- Impersonalidad: **se**+verbo / 2ª persona del singular
- La obligación y el consejo: **tener que** + infinitivo
- Existencia y ubicación: **hay/no hay**, **está**
- Conectores: **y**, **o**, **ni**… **ni**…, **pero**

- Causa y finalidad: **¿por qué?**, **porque**, **por eso**, **para**
- Frases compuestas: **cuando**, **si**, **que**, **donde**

DICCIONARIO DE CONSTRUCCIONES VERBALES

PREPARACIÓN AL DELE

P. 154

PRUEBA 1
Comprensión de lectura
- Tarea 1
- Tarea 2
- Tarea 3
- Tarea 4

PRUEBA 2
Comprensión auditiva
- Tarea 1
- Tarea 2
- Tarea 3
- Tarea 4

PRUEBA 3
Expresión e interacción escritas
- Tarea 1
- Tarea 2

PRUEBA 4
Expresión e interacción orales
- Tarea 1
- Tarea 2
- Tarea 3
- Tarea 4

TÚ, YO, NOSOTROS

DOCUMENTOS
DOSIER 01
Test de personalidad

LÉXICO
• El abecedario
• Números del 0 al 10
• Saludos y despedidas
• **Y, o, también, ni...ni**

GRAMÁTICA
• Los pronombres personales
  sujeto: **yo**, **tú**, **él**...
• El verbo **llamarse**

COMUNICACIÓN
• Intercambiar información
  personal (nombre, número
  de teléfono, dirección de
  correo electrónico)
• Preguntar por preferencias
• Presentarse y presentar a
  otra persona
• Saludar
• Utilizar estrategias para
  controlar la comunicación

PUNTO DE PARTIDA

En parejas
Hola, ¿qué tal?

Nos levantamos, nos movemos por la clase y nos presentamos a los compañeros.

— Hola, ¿qué tal? Me llamo Mark.
— Hola, Mark. Yo me llamo Julia.

Buenos días. Soy la profesora de español y me llamo Andrea...

Hola, ¿qué tal?

Muy bien, ¿y tú?

¿Cómo te llamas?

Me llamo David, ¿y tú?

Yo, Eva.

TEST DE PERSONALIDAD

¿Té o café?

¿Velázquez o Picasso?

¿Mar o montaña?

¿Madrid o Barcelona?

¿Música clásica o pop?

¿Flores o bombones?

¿Dulce o salado?

¿Gatos o perros?

¿De día o de noche?

TEST DE PERSONALIDAD

Texto y significado
Preferencias

 A 2

¿Qué preferimos? Hablamos en grupos.

—¿Gatos o perros?
— Yo, gatos.
— Yo también gatos.
— Yo, gatos y perros.
— Yo, ni gatos ni perros. Yo, peces.

B

En parejas, escribimos el nombre de un compañero en una hoja y dibujamos tres de sus preferencias.

C

El profesor redistribuye las hojas. Cada uno encuentrra y saluda al compañero que le ha tocado. ¿Tenemos algo en común?

—Valentina...
— Soy yo.
— Hola, Valentina.
— Hola, ¿qué tal?

Con lápiz o con ratón
Inventamos otra pregunta

D

En grupos, inventamos una pregunta más. Se la hacemos a los compañeros en clase.

AGENDA DE APRENDIZAJE

Reglas y ejemplos
El abecedario

 1 🔊 **1** 📖 **2-3-4-5-6-7**   RG / P.129

¿Qué sonidos del español son difíciles para nosotros? ¿Cuáles son iguales o parecidos a los de nuestra lengua?

A, a	a	hablar
B, b	be	Bolivia
C, c	ce	Barcelona, cinco
D, d	de	dos
E, e	e	Cervantes
F, f	efe	Francisco
G, g	ge	gato, Argentina
H, h	hache	Honduras
I, i	i	internacional
J, j	jota	Jalisco
K, k	ka	kilo
L, l	ele	lengua
M, m	eme	Madrid
N, n	ene	Nicaragua
Ñ, ñ	eñe	España
O, o	o	Almodóvar
P, p	pe	país
Q, q	cu	Márquez, aquí
R, r	erre	Perú, Costa Rica
S, s	ese	Sevilla
T, t	te	tango
U, u	u	uno
V, v	uve	Bolivia
W, w	uve doble	Washington
X, x	equis	extraño, taxi
Y, y	i griega, ye	yo, Paraguay
Z, z	ceta	Venezuela, diez

Palabras para actuar
Estrategias de comunicación

2 📖 **8-9-10-11**

Le preguntamos al profesor cómo se escriben y cómo se pronuncian algunas palabras que queremos conocer.

—¿*Cómo se pronuncia...?*
—¿*Cómo se escribe...?*
—¿*Cómo se dice en español "english"?*
—¿*"Inglés" lleva acento?*
— *"Perú" lleva acento en la u.*
—¿*Cómo se dice en español "l'amour"?*
—¿*Se escribe con hache o sin hache?*
—¿*Puedes repetir?*

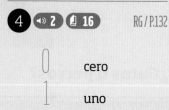

!	á	.com	–	_	@
	a con acento	punto com	guión	guión bajo	arroba

Reglas y ejemplos
El verbo llamarse

3 📖 **12-13-14-15**   RG / P.136

Miramos cómo se forma el verbo **llamarse** y escribimos después cómo se llaman las siguientes personas.

		llamarse
Singular	Yo	me llamo
	Tú	te llamas
	Él/ella/usted	se llama
Plural	Nosotros/nosotras	nos llamamos
	Vosotros/vosotras	os llamáis
	Ellos/ellas/ustedes	se llaman

Mis ejemplos:

Yo

Mi mejor amigo

Mi madre

Mi padre

Mis hermanos

Reglas y ejemplos
Números del 0 al 10

4 🔊 **2** 📖 **16**   RG / P.132

0	cero
1	uno
2	dos
3	tres
4	cuatro
5	cinco
6	seis
7	siete
8	ocho
9	nueve
10	diez

01
TALLER DE USO

En grupos
Nuestro abecedario en español

En grupos, creamos un abecedario con palabras que ya conocemos. También pueden ser nombres de persona y de lugares.

A, a	J, j	R, r
Amor		
B, b	K, k	S, s
C, c	L, l	T, t
D, d	M, m	U, u
E, e	N, n	V, v
F, f	Ñ, ñ	W, w
G, g	O, o	X, x
H, h	P, p	Y, y
I, i	Q, q	Z, z

Entre todos
Nuestros datos de contacto

Vamos a escribir una lista con nuestros números de teléfono y direcciones electrónicas para estar en contacto. Por turnos, varios compañeros hacen preguntas al resto para escribir todos los datos en la pizarra.

—¿Cómo te llamas?
— Me llamo Brian.
—¿Y de apellido?
—Nichols.

—¿Me das tu número de teléfono?
—Sí, es el 873 456 221.

—¿Me das tu dirección de correo electrónico?
— Sí, es laura2@mail.com.

PERSONAS
Y PALABRAS

UNIDAD 1

DOCUMENTOS
DOSIER 01
Diez razones para aprender español
DOSIER 02
Un mapa cultural del español

LÉXICO
- Los números de 0 a 100
- Nombres de países

GRAMÁTICA
- Raíz y terminación de los verbos
- El presente de los verbos regulares
- El presente del verbo **ser**
- El presente del verbo **tener**
- **Para** + sustantivo/infinitivo
- **Porque**
- El demostrativo **esto**
- Los interrogativos **qué, cuál, cómo**

COMUNICACIÓN
- Dar información personal
- Expresar causa y finalidad
- Expresar conjetura: **creo que**...
- Identificar: **esto es**...

CULTURA
- La lengua española en el mundo
- Países del mundo hispanohablante
- Personajes del mundo hispanohablante
- Cosas típicas del mundo hispanohablante

PROYECTOS
- Escribimos un texto sobre un compañero.
- Hacemos una presentación sobre un país del mundo hispanohablante.

PUNTO DE PARTIDA

Nube de palabras
Países hispanohablantes

 A

¿En qué países se habla español? Escribimos los nombres en nuestras lenguas.

 B

Los buscamos en la nube de palabras. ¿Hay otros?

 C

Escuchamos y señalamos en la nube los nombres de los países que oímos.

 D

Completamos esta tabla con personas y palabras que conocemos del mundo del español.

Personas	Palabras
Picasso	nachos

Vídeo
Un concurso sobre conocimientos geográficos

 E

Vemos un concurso sobre conocimientos geográficos. Tomamos nota de todas las respuestas correctas. Ojo: hay dos respuestas que no aparecen. ¿Las sabemos?

campus.difusion.com

Países	Capitales

DIEZ RAZONES PARA APRENDER ESPAÑOL

01
500 millones de hablantes. Y más de 40 millones en EE.UU.

02
La lengua oficial de 21 países

03
Una lengua que se habla en cinco continentes

04
La segunda lengua más estudiada del mundo

05
En 2050, la lengua del 10 % de la población mundial

06
Una lengua importante para los negocios

07
La tercera lengua en internet

08
Cervantes, García Lorca, Vargas Llosa, García Márquez, Gioconda Belli

09
Shakira, Chavela Vargas, Víctor Jara, Serrat, Paco de Lucía, Messi, Pau Gasol

10
Almodóvar, Campanella, Amenábar, González Iñárritu, Coixet

Ahmed

Beto

Chiara

Lucile

Ute

Steve

Jan

Elke

Muriel

01
RAZONES PARA APRENDER ESPAÑOL

Texto y significado
El español

A

Leemos y escuchamos el texto "Diez razones para aprender español". Marcamos las palabras que conocemos o que entendemos. ¿Qué pueden significar las que no conocemos?

66

¿Qué significa 'segunda'?

99

Texto y significado
¿Por qué aprenden español?

B

Escuchamos los testimonios y marcamos en qué orden habla cada uno.

"Yo, para ir a Latinoamérica." **Muriel. FRANCIA** ☐

"Yo, para mi trabajo." **Ahmed. MARRUECOS**

"Yo, porque mi novio es cubano." **Lucile. SUIZA** ☐

"Yo, para leer literatura en español." **Beto. BRASIL** ☐

"Yo, porque tengo amigos cubanos." **Steve. REINO UNIDO** ☐

"Yo, porque tengo una casa en España." **Ute. ALEMANIA** ☐

"Yo, porque mi marido es colombiano." **Elke. AUSTRIA** ☐

"Yo, para mi currículum." **Jan. HOLANDA** ☐

"Yo, para vivir en España." **Chiara. ITALIA** ☐

C ▭5 ▯3-4

¿Y tú por qué aprendes español? Hablamos con los compañeros.

— *Yo, para mi trabajo.*
— *Yo, para ir a Latinoamérica, como Anne.*
— *Yo, porque tengo amigos españoles.*

Texto y lengua
Estrategias para aprender vocabulario

D

Leemos las siguientes frases que dicen las personas que hablan. ¿Podemos deducir qué significan las palabras marcadas? ¿Cómo?

1. Yo estudio español para mi trabajo. Trabajo para una **empresa** española en Marruecos.

2. Yo, porque mi novio es cubano y **quiero hablar** con su **familia**.

3. Voy dos o tres veces al **año**, básicamente, en mis **vacaciones**.

Reglas y ejemplos
Las tres conjugaciones: verbos en -ar, -er, -ir

1   RG / P.140

En español hay tres tipos de verbos o conjugaciones. ¿Conocemos otros verbos en español? ¿De qué tipo son? Los escribimos en la tabla.

-AR	-ER	-IR
hablar	leer	vivir

En español y en otras lenguas
Raíz y terminaciones

3

Contestamos las siguientes preguntas y hablamos con los compañeros.

1. ¿Cambian las terminaciones de los verbos en tu idioma?

_____

_____

2. ¿Cuántas personas diferentes hay?

_____

_____

_____

Reglas y ejemplos
El presente de indicativo

2 ■ 7 ▣ 5-6 RG / P.140

Nos fijamos en el paradigma de los siguientes verbos.

	hablar	leer	vivir
Yo	hablo	leo	vivo
Tú	hablas	lees	vives
Él/ella/usted	habla	lee	vive
Nosotros/nosotras	hablamos	leemos	vivimos
Vosotros/vosotras	habláis	leéis	vivís
Ellos/ellas/ustedes	hablan	leen	viven

> **!** Los verbos tienen una raíz y una terminación. La terminación informa sobre el modo, el tiempo, la persona y el número.
>
> raíz ← **habl -ar** → terminación

Escogemos uno de estos verbos (u otro) e imaginamos cómo se conjugan todas sus formas en presente.

- viajar
- escribir
- cocinar
- aprender
- trabajar
- comprender

Reglas y ejemplos
¿Por qué?, para, porque

4 ▣ 7-8 RG / P.141

Nos fijamos en el uso de **por qué**, **para** y **porque** y escribimos nuestros ejemplos.

—_¿Por qué estudias español?_

Para + infinitivo
—_Para ir a Chile._
—_Para leer literatura._

Para + nombre
—_Para mi currículum._
—_Para mis estudios._

Porque + frase
—_Porque mi novia es argentina._

Mis ejemplos:

_____

_____

_____

_____

01
TALLER DE USO

En parejas
Más razones para aprender español

A

Miramos estos dibujos e intentamos averiguar por qué estudian español estas personas. Lo escribimos utilizando **para** y **porque**. Podemos utilizar un diccionario.

1

2

3

4

5

6

B

Comparamos nuestras respuestas con las de un compañero. ¿Tenemos las mismas frases?

En grupos
Nosotros y nuestros compañeros

C

Cada uno escribe tres datos sobre sí mismo con estos verbos.

hablar
llamarse
estudiar
vivir
trabajar

D

¿Tenemos buena memoria? Vamos a comprobarlo con un juego. Seguimos estas instrucciones.

- El primer alumno da tres datos.
- El siguiente tiene que decir sus datos y recordar en 3ª persona los del compañero anterior.
- Si alguien no recuerda algún dato, tiene que preguntarlo.

Perdona, ¿dónde estudias?
¿dónde trabajas?
¿dónde vives?
¿qué idiomas hablas?

Yo me llamo Kevin, vivo en Leeds y hablo inglés y francés. Ella se llama… Perdona, ¿cómo te llamas?

UN MAPA CULTURAL DEL ESPAÑOL

Capitales del mundo hispano

1. México D.F.
2. Guatemala
3. San Salvador
4. Tegucigalpa
5. La Habana
6. Managua
7. San José
8. Santo Domingo
9. San Juan
10. Panamá
11. Caracas
12. Bogotá
13. Quito
14. Lima
15. Sucre
16. Asunción
17. Santiago
18. Buenos Aires
19. Montevideo
20. Malabo
21. Madrid

México

República Dominicana

Guatemala

Puerto Rico

El Salvador

Panamá

Honduras

Venezuela

Cuba

Colombia

Nicaragua

Ecuador

Costa Rica

Perú

UN MAPA CULTURAL DEL ESPAÑOL

Bolivia

Paraguay

Chile

Argentina

Uruguay

Guinea Ecuatorial

España

Antes de leer
Identificar países

A

Buscamos en el mapa todos los países de habla hispana.

—¿Esto es Argentina?
—No, no es Argentina, es Chile.

—El número 1 es México, ¿no?
—Sí.

—¿Qué es esto?
—Esto es Venezuela.

—Buenos Aires es la capital de Argentina, ¿verdad?

—Esto es México, ¿no?
—Sí, México.

—Sí, creo que sí...

Con lápiz o con ratón
Dos países interesantes

B

En parejas, escogemos dos países que nos interesan o sobre los que sabemos cosas. ¿Qué palabras relacionamos con ellos?

Colombia:
café
Caribe

Texto y significado
¿Qué país es?

C 6 11-12

Escuchamos esta información sobre un país y tomamos notas.

1. Ciudades importantes: ....

2. Lenguas: ....

3. Un personaje interesante: ....

4. Un lugar interesante: ....

D

Comparamos nuestras notas con las de un compañero. ¿Sabemos de qué país hablan?

Texto y lengua
Hablar de un país

E 6

¿Qué palabras faltan en las siguientes frases? Intentamos completarlas y luego escuchamos el texto para comprobar.

—La .... es Santiago.

—Otras .... importantes son Valaparaíso y Concepción.

—Se .... español y mapuche.

—Un .... interesante es Isabel Allende.

—Un .... interesante es el desierto de Atacama.

AGENDA DE APRENDIZAJE

Reglas y ejemplos
Los números del 1 al 100

 RG / P.133

Nos fijamos en cómo se forman los números, intentamos completar los que faltan y comprobamos con el audio.

0 cero	**13** trece	**26** veintiséis	**68**
1 uno	**14** catorce	**27** veintisiete	**70** setenta
2 dos	**15** quince	**28** veintiocho	**74**
3 tres	**16** dieciséis	**29**	**80** ochenta
4 cuatro	**17** diecisiete	**30** treinta	**81**
5	**18** dieciocho	**31** treinta y uno	**90** noventa
6 seis	**19**	**32** treinta y dos	**99**
7 siete	**20** veinte	**33**	**100** cien
8 ocho	**21** veintiuno	**40** cuarenta	
9	**22** veintidós	**47**	
10 diez	**23**	**50** cincuenta	
11 once	**24**	**56**	
12 doce	**25** veinticinco	**60** sesenta	

Palabras para actuar
Interrogativos: qué, cuál, cómo

2 RG / P.139

Miramos estas preguntas y las contestamos para nuestro país.

—*¿Cómo se llama tu país en español?*

—*¿Cuál es la capital de tu país?*

—*¿Qué otras ciudades son importantes?*

—*¿Qué lenguas se hablan?*

—*¿Qué palabras asocias con él?*

Reglas y ejemplos
Ser y tener

3 RG / P.140

Nos fijamos en el paradigma de los verbos **tener** y **ser** y en los ejemplos. Luego escribimos nuestros propios ejemplos con ellos.

		tener	ser
Singular	Yo	ten**g**o	soy
	Tú	ti**e**nes	eres
	Él/ella/usted	ti**e**ne	es
Plural	Nosotros/nosotras	tenemos	somos
	Vosotros/vosotras	tenéis	sois
	Ellos/ellas/ustedes	ti**e**nen	son

—*España tiene playas muy bonitas.*
—*Los Andes son una cordillera.*
—*La capital de Perú es Lima.*

Mis ejemplos:

Mi país tiene

Mi país es

02
TALLER DE USO

En parejas
El país de mi compañero

Hacemos preguntas a un compañero para completar estas fichas sobre su país o su región.

Nombre del país o de la región

....

Capital

....

Otras ciudades importantes

....

....

....

....

Lenguas

....

....

....

....

Entre todos
Jugamos con los números

Jugamos al bingo para practicar los números.

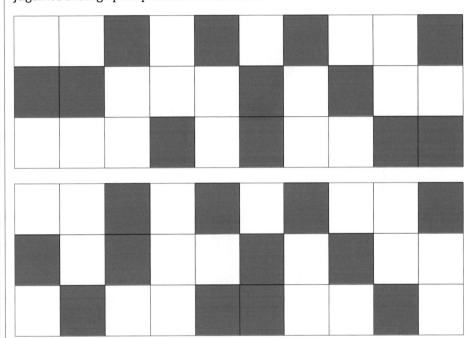

- Rellenamos nuestros cartones con 16 números (como en el ejemplo de abajo).
- El profesor o un compañero dicen los números.
- Cada uno tacha los que tiene en su cartón.
- Si alguien completa una línea, canta **¡Línea!**.
- El primero que tacha todos los números canta **¡Bingo!**.

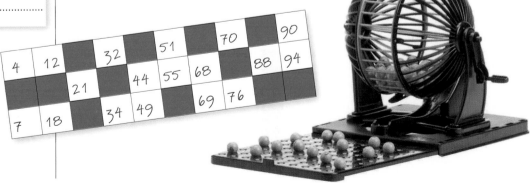

ARCHIVO DE LÉXICO

Mis palabras
Mi identidad

1 17-18-19-20-21-22-23 12

Completamos con nuestra información personal en español.

Una persona importante para mí

Un número importante para mí

El nombre de mi país en español

Mi ciudad favorita

Un país hispanohablante interesante para mí

El nombre de mi lengua en español

Otras lenguas que hablo

PROYECTOS

Proyecto en grupo
Aprendemos cosas sobre nuestros compañeros

 A

Leemos estas preguntas y escribimos tres más. Se las hacemos a un compañero y preparamos una ficha con las respuestas.

- **¿De dónde eres?**
- **¿Tienes amigos españoles?**
- **¿Tienes algún animal en tu casa?**
- **¿Cuántos años tienes?**
- **¿Por qué aprendes español?**

B

Leemos nuestra ficha en clase. Nuestros compañeros deben adivinar de quién se trata.

Es polaca.

Tiene amigos españoles.

Tiene un perro.

Proyecto individual
Hacemos una presentación sobre un país hispano

 C

Elegimos un país hispano y preparamos una presentación. Decidimos cómo queremos hacerla: en vídeo, en diapositivas, en audio, etc. Buscamos información en internet o preguntamos al profesor.

 D

Hacemos nuestra presentación o la compartimos en nuestro espacio virtual sin decir qué país es. Los demás adivinan cuál es.

CAPITAL:
Santiago

CIUDADES IMPORTANTES:
Valparaíso, Concepción

LENGUAS:
Español y mapuche

UN PERSONAJE INTERESANTE:
Isabel Allende

UN LUGAR INTERESANTE:
El desierto de Atacama

¿UN LIBRO O UNA CAMISETA?

DOCUMENTOS
DOSIER 01
De compras en España
DOSIER 02
Casi 70 millones de turistas

LÉXICO
• Viajes
• Turismo
• Compras

GRAMÁTICA
• Los artículos determinados: **el**, **la**, **los**, **las**
• Los artículos indeterminados: **uno**, **una**, **unos**, **unas**
• Los demostrativos: **este**, **esta**, **estos**, **estas**, **ese**, **esa**, **esos**, **esas**
• El género y el número de los sustantivos
• Usos de la preposición **de**
• La preposición **para**

COMUNICACIÓN
• Preguntar por el precio de algo
• Hablar de las compras que se hacen durante un viaje

CULTURA
• Productos típicos de España
• El turismo en España
• Cosas típicas del mundo

PROYECTOS
• Escribimos un texto sobre el turismo en nuestro país.
• Hacemos un catálogo para una tienda de recuerdos de nuestro país.

PUNTO DE PARTIDA

Nube de palabras
El tema de la unidad

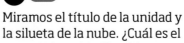

Miramos el título de la unidad y la silueta de la nube. ¿Cuál es el tema de la unidad? Hablamos con un compañero.

B

Buscamos en la nube cosas y acciones y las escribimos en la tabla.

Cosas

Acciones

Vídeo
De compras en Barcelona

C

Miramos esta imagen del vídeo. ¿Qué palabras nos sugiere?

campus.difusion.com

D

En el vídeo, varios turistas compran recuerdos en tiendas de Barcelona. Leemos la lista, vemos el vídeo y marcamos qué cosas compran.

una camiseta	☐	un sombrero	☐
un toro de peluche	☐	una postal	☐
una taza	☐	unas botas	☐
un libro	☐	un perfume	☐
unos zapatos	☐	un bolso	☐

DE COMPRAS EN ESPAÑA
RECUERDOS IMPRESCINDIBLES

8. Una novela de Juan José Millás
24 euros

9. Un chorizo ibérico
18 euros

4. Una taza del Real Madrid
12 euros

10. Una paellera
34,20 euros

5. Un bote de aceitunas
7,80 euros

11. Una camisa de Desigual
63,80 euros

1. Una camiseta del Barça
80 euros

12. Un diccionario
32 euros

13. Un bolígrafo del Museo del Prado
2 euros

6. Una agenda de Picasso
25 euros

2. Un póster de la Alhambra
17 euros

7. Un calendario de Goya
9,90 euros

14. Tres botellas de vino de Rioja
24,60 euros

3. Un paquete de 10 postales de Madrid
6,60 euros

15. Unos zapatos Camper
120 euros

16. Un paquete de jamón ibérico (100 gramos)
14,25 euros

17. Una lata de aceite de oliva (2,5 litros)
30 euros

18. Una caja de bombones
32 euros (grande)
25 euros (pequeña)

19. Una botella de cava
14 euros

01
DE COMPRAS EN ESPAÑA

Antes de leer
Recuerdos

A

¿Qué compramos cuando viajamos? Damos ejemplos y hablamos con un compañero.

Comida típica
Sí: dulces, especias...

Bebidas

Ropa

Recuerdos

Libros

Otras cosas

—Yo compro comida.
— Yo también.
Y ropa.

Texto y lengua
Una camiseta de...

B 1·2·3

Miramos durante un minuto el documento de estas páginas. Tapamos las imágenes y, en parejas, intentamos completar los ejemplos.

— *Una camiseta de* ....
— *Un póster de* ....
— *Un libro de* ....
— *Una* .... *de Picasso*
— *Un calendario de* ....
— *Una taza de* ....
— *Un* .... *de 10 postales*

Texto y significado
¿Cuánto vale?

C 8 3

En una tienda, la cajera marca los precios. ¿Qué compran los clientes?

Texto y significado
¿Para quién es la taza?

D 9 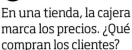 4

Sebastián ha comprado en España seis regalos. ¿Qué compra para estas personas?

para su abuela: para Alfredo:

para su madre: para su novia:

para su padre: para Pichi:

Texto y lengua
¿Y esos zapatos?

E 9

Escuchamos de nuevo y nos fijamos en estas frases. Miramos las palabras marcadas en amarillo e imaginamos para qué se utilizan. ¿Existe un equivalente en nuestras lenguas?

— *¿Y esos zapatos tan bonitos?*
— *¿Y esa paellera?*
— *Esa novela es para Pichi.*

Reglas y ejemplos
Los demostrativos

1 RG / P.136

Nos fijamos en las ilustraciones y en cómo se usan los demostrativos e intentamos completar la regla.

1. Si el objeto está cerca del hablante, utilizamos

....

¡Este aceite es magnífico!

2. Si el objeto está cerca del oyente, utilizamos

....

¿Ese aceite es de oliva?

3. Si el objeto está lejos de los dos, utilizamos

....

Ese aceite es magnífico
¿Ese de la izquierda?
No, ese, el de la botella pequeña

	Masc.	Fem.			Masc.	Fem.
Singular	este	esta		Singular	ese	esa
Plural	estos	estas		Plural	esos	esas

Reglas y ejemplos
Los artículos: género y número

2 📹 6 📖 5-6-7-8 RG / P.134

Miramos el cuadro de los artículos. Pensamos luego en palabras que han aparecido en el libro y las colocamos en el segundo cuadro.

		Masculino	Femenino
ARTÍCULO DETERMINADO	Singular	**el** libro	**la** caja
	Plural	**los** libros	**las** cajas
ARTÍCULO INDETERMINADO	Singular	**un** libro	**una** caja
	Plural	**unos** libros	**unas** cajas

Masculino singular	Masculino plural
el/un	los/unos
libro	libros

Femenino singular	Femenino plural
la/una	las/unas
camiseta	camisetas

! Cuando viajo, siempre compro ~~las~~ postales.
Yo compro ~~la~~ comida típica.

01
TALLER DE USO

En parejas
¿Cuánto cuesta?

¿Cuánto cuestan estas cosas en el lugar donde estamos? Lo escribimos y comparamos con los precios de un compañero. ¿Coinciden con los nuestros?

- **un café en un bar** ....
- **unos zapatos bonitos** ....
- **una lata de cerveza** ....
- **un kilo de tomates** ....
- **entrar a una discoteca** ....
- **ir al cine** ....
- **un litro de leche** ....
- **una botella de vino** ....
- **una barra de pan** ....

En parejas
¿Este o ese?

¿A qué se pueden referir estos diálogos? Hablamos con un compañero.

— *Estos son muy cómodos para caminar, pero un poco caros.*
— *¿Y qué tal esos?*

— *Esa del Barça, ¿cuánto cuesta?*
— *¿Esta? A ver... 35 euros.*

Interpretamos los diálogos por parejas, fijándonos en dónde estamos respecto a los objetos.

Escribimos dos diálogos más sobre otros objetos sin decir de qué se trata.

Nuestro profesor reparte los diálogos y cada uno interpreta con un compañero el que le ha tocado.

En grupos
Mis compras en España

Elegimos un regalo para dos amigos o familiares nuestros y uno para nosotros. Luego hablamos con los compañeros. ¿Compramos lo mismo?

—*Para* .... , ...

—*Para mí,* ....

"
— ¿Tú qué compras?
— Yo, para mi novio, una camisa; para mi madre, una botella de cava y para mí, una agenda.
— ¿Y tú? **"**

CASI

70

MILLONES
DE TURISTAS

España, con casi 70 millones de turistas extranjeros al año, es la segunda potencia turística mundial, después de Francia. Británicos, franceses y alemanes son los turistas más numerosos y las regiones más visitadas son Canarias, Cataluña, Andalucía, Madrid, Comunidad Valenciana y Baleares. El gasto medio en hoteles, restaurantes y tiendas es de 116 euros por turista al día y los que más gastan son los británicos, seguidos por los alemanes, los escandinavos y los franceses.

¿Pero qué compran los turistas?

Compran sobre todo comida y bebidas típicas, artesanía, regalos y recuerdos, ropa y zapatos, especialmente de las marcas españolas más conocidas en el extranjero.

Antes de leer
El turismo en España

A

Antes de leer el texto, intentamos completar las siguientes frases.

1. España es la segunda potencia turística del mundo, después de…
2. Los turistas son sobre todo de…
3. Los que más dinero gastan son los…
4. Compran, sobre todo, …

Texto y significado
Cifras y estadísticas

B

Leemos el texto y comprobamos si nuestras hipótesis son correctas.

Texto y lengua
¿Qué verbo falta?

C **10·11·12**

Sin mirar el texto, completamos estos datos sobre el turismo en España con los verbos que faltan.

1. Casi 70 millones de extranjeros

   .... España

   cada año.
2. Cada turista ....

   116 euros de media al día.
3. La mayoría de turistas ....

   británicos, franceses y alemanes.
4. .... sobre

   todo comida y bebidas típicas, artesanía,

   regalos, ropa y zapatos.

Con lápiz o con ratón
Marcas españolas

D

¿Qué empresas españolas conocemos? Buscamos estas en internet. ¿De qué son?

- **Mango**   - **NH**
- **Torres**   - **Cortefiel**
- **Vueling**   - **Santander**
- **Panama Jack**   - **Campofrío**
- **Movistar**   - **Tous**

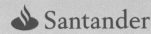

Texto y significado
Españoles por el mundo

E **◀) 10·12** **📷 7** **📖 13·14**

Varios turistas españoles hablan sobre sus hábitos cuando viajan. Escuchamos y contestamos las siguientes preguntas.

1. ¿A qué lugares viajan?
2. ¿Cuánto dinero gastan de media al día?
3. ¿Qué cosas compran?
4. ¿Qué recuerdos especiales tienen en casa?

AGENDA DE APRENDIZAJE

Reglas y ejemplos
El número

1 🎥 **8** 📖 **15-16** RG / P.135

Completamos con las palabras que faltan.

Singular	Plural
taza	_____
_____	camisetas
bombón	bombones
jamón	_____

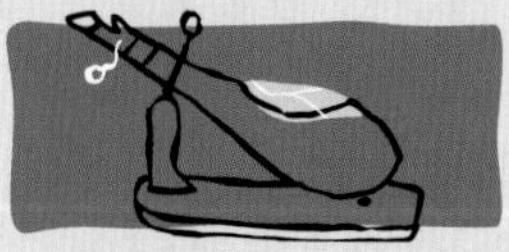

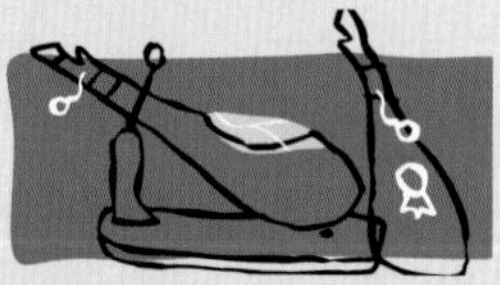

2 RG / P.135

Intentamos completar las reglas.

Los nombres terminados en vocal forman el plural añadiendo	Los nombres terminados en consonante forman el plural añadiendo
_____	_____

Mis ejemplos:

_____

_____

Palabras en compañía
La preposición de

3 🎥 **9**

Miramos cómo se utiliza la preposición **de** y escribimos para cada caso nuestros propios ejemplos.

— *Una caja de bombones*
— *Un bote de aceitunas*
— *Una botella de vino*
— *Una taza de café*

Mis ejemplos:

_____

_____

_____

— *Un recuerdo de Sevilla*
— *Una postal de Madrid*

Mis ejemplos:

_____

_____

_____

— *Una novela de Miguel Delibes*
  = Miguel Delibes es el autor de la novela.
— *Un CD de Shakira*
— *Un DVD de Almodóvar*
— *Un póster de Picasso*

Mis ejemplos:

_____

_____

_____

02
TALLER DE USO

En parejas
Compras en vacaciones

 A

Estos son los recuerdos de la vuelta al mundo de Isabel. ¿De dónde son? Hablamos con un compañero.

1. *la* guitarra, *de España*

2. .... poncho, ...

3. .... botas de vaquero, ...

4. .... matrioska, ...

5. .... katana, ...

6. .... cafetera, ...

7. .... vestido, ...

8. .... escultura, ...

Entre todos
Recuerdos de viajes

 B

Pensamos en nuestros viajes o vacaciones. ¿Qué compramos?
Si lo necesitamos, consultamos un diccionario o hacemos un
dibujo para explicar de qué se trata.

—*Yo compré un... en...*
 una... en...
 unos... en...
 unas... en...

**Yo compré
un abanico
en Sevilla.**

C 🎥 **10**

Escogemos los cinco recuerdos
más originales o curiosos de la
clase y hacemos una lista.

1. Una trompeta de Amsterdam
2.

ARCHIVO DE LÉXICO

Mis palabras
Los viajes y el turismo

1 🎬 **11** 📝 **17-18-19-20**

Completamos un asociograma como este sobre los viajes y el turismo.

Mis palabras
Mi identidad

2

Escribimos cuatro obras importantes o con un significado especial para nosotros. ¿Coincidimos en algo con nuestros compañeros?

- Un disco de...
- Un libro de...
- Una película de...
- Un/una.... de...

— Un disco de Astor Piazzolla: Libertango

— Un libro de Ken Follett: Los pilares de la Tierra

— Una película de Ridley Scott: Alien

PROYECTOS

Proyecto individual
El turismo en mi país

A

Vamos a escribir un texto sobre el turismo en nuestro país. Buscamos en internet información sobre los siguientes aspectos.

- Número de turistas al año
- Procedencia de los turistas
- Regiones más visitadas
- Gasto medio
- Productos que más compran

B

Leemos de nuevo el texto "Casi 70 millones de turistas" y escribimos un texto similar sobre nuestro país.

El turismo en Italia

Cada año visitan Italia...

Proyecto en grupo
Nuestra tienda de recuerdos

C

¿Qué cosas de nuestro país pondríamos en una tienda de recuerdos? Hacemos una lista.

Objetos y productos	Decoración (artistas, lugares, monumentos) y origen
Una taza	de Klimt
Una jarra de cerveza	de Múnich

D

Elaboramos el catálogo de nuestra tienda y ponemos precios a las cosas.

Una taza de Klimt, 20 euros

SU PAREJA
Y SUS HIJOS

DOCUMENTOS
DOSIER 01
Los Alterio
DOSIER 02
Doce personajes imprescindibles

LÉXICO
• Las profesiones
• La familia
• Las relaciones personales
• Las nacionalidades

GRAMÁTICA
• El género de los sustantivos
• El género de los gentilicios
• Los posesivos átonos
• **del**, **de la**
• Los interrogativos **de dónde**, **cuántos**

COMUNICACIÓN
• Dar y pedir información personal (origen, edad, lugar de residencia, profesión y estado civil)
• Expresar conocimiento y desconocimiento: **no sé**

CULTURA
• Cine español y latinoamericano
• Personajes relevantes de la cultura hispanohablante

PROYECTOS
• Elaborar una ficha sobre un personaje famoso.
• Jugar a adivinar la identidad de un personaje famoso.

PUNTO DE PARTIDA

Nube de palabras
El tema de la unidad

 A

Miramos el título y la silueta de la nube.

1. ¿Comprendemos el título?
2. ¿Cuál puede ser el tema de la unidad?

B

Clasificamos en la tabla todos los nombres que aparecen en la nube.

Un/El	Una/La	Unos/Los	Unas/Las
padre	familia		

Vídeo
La familia Hoyas Garrido

 C

En el vídeo se presenta una familia. ¿Qué sabemos sobre ellos? Completamos la información.

campus.difusion.com

1. El padre se llama ....
2. Las hijas se llaman ....
3. La madre se llama ....
4. Viven en ....
5. La madre es de ....
6. Son una familia con ....
7. Las hijas tienen .... nacionalidades.
8. La hija mayor tiene .... años.
9. Se siente más .... Pero también tiene parte de ....

Nominada al Oscar a la Mejor Película de Habla No Inglesa

RICARDO **DARÍN** · HÉCTOR **ALTERIO** · NORMA **ALEANDRO**

EL HIJO DE LA NOVIA

DIRIGIDA POR JUAN JOSÉ CAMPANELLA
CON NATALIA VERBEKE COMO NATY Y EDUARDO BLANCO

HISTORIAS CINEMATOGRÁFICAS
presenta a
HÉCTOR ALTERIO · NORMA ALEANDRO
en un film de
LUIS PUENZO
LA HISTORIA OFICIAL
Una cinematografía de
AIDA BORTNIK y LUIS PUENZO

LA PELÍCULA ARGENTINA GANADORA DEL OSCAR
ACADEMY AWARD FOR BEST FOREIGN LANGUAGE FILM

NOMINADA AL OSCAR
Mejor film hablado
en idioma extranjero

"la tregua"

Héctor **ALTERIO** · Luis **BRANDONI** · Ana María **PICCIO**

Marilina Ross · Lautaro Murúa · Hugo Arana
Carlos Carella · China Zorrilla · Norma Aleandro

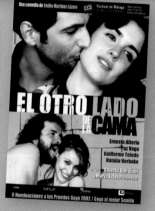

Una comedia de Emilio Martínez-Lázaro

EL OTRO LADO DE LA CAMA

Ernesto Alterio
Paz Vega
Guillermo Toledo
Natalia Verbeke

Alberto San Juan
y María Esteve

6 Nominaciones a los Premios Goya 2002 / Goya al mejor Sonido

Vuelve el equipo de EL OTRO LADO DE LA CAMA

días de fútbol

RODAR Y RODAR presenta una comedia de SANTI AMODEO

¿Quién mató a Bambi?

SECUESTRAR A TU JEFE, ACOSTARTE CON SU HIJA, MIRAR MAL A UN BIZCO.
¿QUÉ PODRÍA SALIR BIEN?

Eduardo **Noriega** · Najwa **Nimri** · Eduard **Fernàndez** · Pablo **Echarri** · Adriana **Ozores** · Ernesto **Alterio** · Carmelo **Gómez** · Natalia **Verbeke**

EL MÉTODO

Basada en la obra teatral de Jordi Galceran Ferrer "EL MÉTODO GRÖNHOLM"

Una película de MARCELO PIÑEYRO

EM Siete candidatos. Un puesto de trabajo. Sólo uno de ellos lo conseguirá.
Hasta dónde estarías dispuesto a llegar para ser el elegido

Los Alterio son una familia de actores que vive entre dos culturas y dos identidades: la argentina y la española.

Héctor Alterio (Buenos Aires, 1929) ha trabajado como actor en más de 110 películas y en unas 60 obras de teatro. En 1974 sus hijos Ernesto y Malena y su mujer, la psicoanalista Tita Bacaicoa, abandonan Argentina para reunirse con él, exiliado en España por razones políticas.

Su hijo Ernesto (Buenos Aires, 1970) es el protagonista de películas como *El método*, *Días de fútbol* o *El otro lado de la cama*. Su hija Malena (Buenos Aires, 1974) ha trabajado en *El palo* o *Días de cine* y en series de televisión de gran éxito como *Aquí no hay quien viva*.

LOS ALTERIO

Los Alterio, por su historia, son una mezcla de dos identidades, de dos culturas.

01
LOS ALTERIO

Antes de leer
Películas en español

 A

¿Conocemos actores y actrices españoles o hispanoamericanos?

Texto y significado
Quién es quién

 B

Leemos el texto sobre los Alterio y completamos estas fichas con los datos de dos miembros de la familia.

Nombre	**Nombre**
Primer apellido	**Primer apellido**
Alterio	Bacaicoa
Segundo apellido	**Segundo apellido**
Bacaicoa	Bacaicoa
Nombre del padre	**Nombre del padre**
	Héctor
Nombre de la madre	**Nombre de la madre**
Tita	
Lugar de nacimiento	**Lugar de nacimiento**
Buenos Aires	
Año de nacimiento	**Año de nacimiento**
1974	1970
Lugar de residencia	**Lugar de residencia**
Madrid	Madrid
Profesión	**Profesión**
Actriz de cine y	

Texto y lengua
Una mezcla de dos culturas

 C

¿Qué significa esta frase?

Los Alterio, por su historia, son una mezcla de dos identidades, de dos culturas.

 D

¿Alguien en clase tiene dos culturas? Hablamos entre todos.

—*Mi padre es…*
—*Mi madre es…*
—*Mis padres son…*
—*Mis abuelos son de origen…*
—*Yo nací en…*

66

Mi madre es alemana
y mi padre, turco. 99

Texto y significado
Los orígenes de tres famosos

 E 13-15 3

Escuchamos estas conversaciones y completamos la información.

 Daniel Brühl
Nació en: ......
Padre: ......
Madre: ......

 Shakira
Nació en: ......
Padre: ......
Madre: ......

 Jean Reno
Nació en: ......
Padre: ......
Madre: ......

Palabras en compañía
La familia

1

Miramos este árbol y completamos las frases sobre la familia de Marta.

cuñados	Arturo	el tío de
Eva y Raúl	los padres de	Carmen
la exmujer de		el marido de

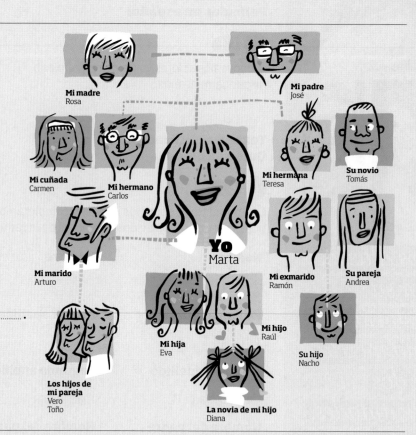

Mi madre
Rosa

Mi padre
José

Mi cuñada
Carmen

Mi hermano
Carlos

Mi hermana
Teresa

Su novio
Tomás

Yo
Marta

Mi marido
Arturo

Mi exmarido
Ramón

Su pareja
Andrea

Los hijos de mi pareja
Vero
Toño

Mi hija
Eva

Mi hijo
Raúl

Su hijo
Nacho

La novia de mi hijo
Diana

—*Rosa y José son* .... *Marta.*
—*Carlos y* .... *son cuñados.*
—*Marta es* .... *Ramón.*
—*Teresa y Arturo son* ....
—*Jose es* .... *Rosa.*
—*José es el abuelo de* ....
—*La mujer de mi hermano se llama* ....
—*Carlos es* .... *de Eva.*

Reglas y ejemplos
Los posesivos átonos

2 RG / P.136

Hacemos un árbol con los nombres de nuestra familia.

Posesivos			
Singular	yo	mi	mis
	tú	tu	tus
	él/ella/usted	su	sus
Plural	nosotros/as	nuestro/a	nuestros/as
	vosotros/as	vuestro/a	vuestros/as
	ellos/ellas/ustedes	su	sus

!

♂♂/♀♂		♀♀
mis abuelos	**mis** hermanos	**mis** hermanas
mis padres	**mis** hijos	**mis** hijas
	mis nietos	**mis** nietas

3

Escribimos frases sobre relaciones en nuestra familia.

....

....

....

....

....

Mi cuñada, la mujer de mi hermano, se llama Elke.

01
TALLER DE USO

En parejas
Relaciones

A 14-15-16

Pensamos en siete personas de nuestro entorno (amigos, familia, compañeros de trabajo, etc..) y escribimos sus nombres en un papel.

Gabi, Luis,
Eva, Isa,
Jorge, Juanjo,
David

B

Intercambiamos nuestro papel con el de un compañero. Él nos va a hacer preguntas para saber quién es cada uno y qué relación tiene con nosotros.

—¿Quién es...?
—Es mi madre / padre.
—Es un conocido / una conocida.
—Es un compañero / una compañera de clase.
—Es un compañero / una compañera de trabajo.
—Es un amigo mío / una amiga mía.
—Es mi novio / novia.
—Es mi marido / mujer.
—Es mi pareja.
—Es mi ex.

— ¿Quién es Gabi?
— Es una amiga mía. **"**

C

Luego pensamos en una forma de representar la red de relaciones de nuestro compañero y la dibujamos.

Gabi,
una amiga

MI
COMPAÑERO

DOCE PERSONAJES
IMPRESCINDIBLES

Estamos eligiendo a los personajes más influyentes de la cultura en español. Estos son los 12 finalistas.

Es uno de los actores más importantes del cine español y probablemente el más internacional. Nació en una familia de artistas: sus abuelos, su madre, Pilar Bardem, y sus hermanos, Carlos y Mónica, son actores y su primo Miguel Bardem, director.

Actualmente, Javier ya no es el "macho latino" de sus primeras películas: es un excelente actor que trabaja con los mejores directores españoles y extranjeros.

1. **JAVIER BARDEM**
   actor español
2. **GARBIÑE MUGURUZA**
   tenista
3. **ISABEL ALLENDE**
   escritora chilena
4. **PENÉLOPE CRUZ**
   actriz española
5. **ALFONSO CUARÓN**
   director mexicano

6. **LAIA SANZ**
   piloto española
7. **MARIO VARGAS LLOSA**
   escritor y periodista peruano
8. **JORGE RAMOS**
   periodista mexicano
9. **CARME RUSCALLEDA**
   cocinera española

DOCE PERSONAJES IMPRESCINDIBLES

Antes de leer
¿Qué sabes de...?

 A 6

Antes de leer, miramos las fotos de los personajes. ¿Sabemos algo de ellos?

—*Este es Javier Bardem. Es un actor español.*
—*Esta es Isabel Allende, ¿no?*
—*Estos/as son...*

—*Este/a no sé quién es.*
—*Estos/as no sé quiénes son.*

> ¿Quién es este?

Texto y significado
Imprescindibles

 B

Ahora leemos la información de los personajes y comprobamos. ¿Cuáles nos interesan más?

Texto y significado
Javier Bardem

C 16 7

Escuchamos este fragmento de un programa de radio sobre Javier Bardem. ¿Qué información da sobre estos aspectos de su vida? Tomamos notas.

1. Sus directores favoritos
2. Su lugar de nacimiento
3. Su madre
4. Sus hermanos
5. Su mujer
6. Sus hijos
7. Su diseñador de ropa favorito
8. Su actor favorito

 D

Comparamos nuestras notas con las de un compañero.

Con lápiz o con ratón
Más datos

 E

Buscamos en internet a qué personajes de la lista corresponden estos datos.

—*Tiene un Óscar.*
—*Tiene muchas estrellas Michelin.*
—*Tiene dos premios Emmy.*
—*Es premio Nobel de Literatura.*
—*Es la autora de* La casa de los espíritus.
—*Es el director de* Harry Potter y el prisionero de Azkaban.

 F 17-18

En parejas, buscamos más información sobre dos de los personajes.

1. su lugar de residencia
2. su lugar de nacimiento
3. su familia

10. DAVID MUÑOZ
cocinero español
11. RICARDO DARÍN
actor, director y guionista argentino
12. MARC MÁRQUEZ
piloto español

02
AGENDA DE APRENDIZAJE

Reglas y ejemplos
Masculino y femenino: nacionalidades

 1 🎥 7 📖 19   RG / P.135

Observamos cómo se forman el masculino y el femenino de las nacionalidades y completamos la tabla con otras que nos interesa conocer.

Masculino acabado en **-o**	Femenino acabado en **-a**
austriac**o**	austriac**a**
hondureñ**o**	hondureñ**a**

Masculino acabado en consonante	Femenino que añade una **-a**
alemá**n**	aleman**a**
francé**s**	frances**a**
españo**l**	español**a**

Masculino y femenino iguales: acabados en **-í**, **-ense** y **-a**
marroqu**í**, iran**í**
costarric**ense**, canadi**ense**
belg**a**, croat**a**

Reglas y ejemplos
Masculino y femenino: profesiones

 **2** 🎥 8 📖 20-21-22   RG / P.135

Observamos el género y completamos las reglas.

Javier Bardem	**actor**	Carme Ruscalleda	**cocinera**
Penélope Cruz	**actriz**	David Muñoz	**cocinero**
Alfonso Cuarón	**director**	Garbiñe Muguruza	**tenista**
Isabel Allende	**escritora**	Jorge Ramos	**periodista**
M. Vargas Llosa	**escritor**		

El masculino termina en **-o**. El femenino termina en _____

El masculino termina en **consonante**. El femenino añade una _____

Tienen la misma forma para el masculino y el femenino las profesiones que terminan en _____

Algunas profesiones tienen terminaciones diferentes para el masculino y el femenino, por ejemplo _____

! Algunas formas femeninas están en proceso de cambio y encontramos casos como:
una piloto / una pilota (poco frecuente)
una juez / una jueza
una médico / una médica

Palabras para actuar
Dar y pedir información personal

 3

Contestamos a estas preguntas con nuestros datos personales.

Nombre
—¿Cómo te llamas
   se llama usted?

Procedencia
—¿De dónde eres
   es usted?
—¿Dónde naciste
   nació usted?
—Nací en Kiev.

Edad
—¿Cuántos años tienes
   tiene usted?

Lugar de residencia
—¿Dónde vives
   vive usted?

Profesión
—¿En qué trabajas
   trabaja usted?

Estado civil
—¿Estás casado(a)
   Está usted casado(a)?
—Sí, estoy casado/a.
No, estoy divorciado/a.
No, soy viudo/a.
No, soy soltero/a.

02
TALLER DE USO

En grupos
Un juego

En grupos, completamos el tablero con las palabras
o los nombres adecuados. ¿Qué grupo tiene más respuestas correctas?

—*¿De dónde es...?*
—*... es australiana, ¿no?*

—*¿Quién es...?*
—*(Es) un actor español.*
  (Es) una actriz española.

—*¿Conocéis un/una...?*

REGLAS DEL JUEGO
• Cada respuesta acertada es 1 punto.
• Si hay un error en las palabras, no
  se suma el punto.

¡Podemos usar internet!

una actriz ....*australiana*....
Nicole Kidman
1

una actriz **mexicana**
2

un director ....
Guillermo del Toro
3

un empresario **mexicano**
4

un .... **argentino**
Julio Cortázar
5

un presidente **hispanoamericano**
6

una .... **colombiana**
Shakira
7

un grupo ....
Calle 13
8

un .... **brasileño**
Neymar
9

una .... **estadounidense**
Serena Williams
10

En parejas
Datos personales

Le hacemos preguntas a un
compañero para completar
la siguiente ficha.

Nombre
....

Apellido
....

Estado civil
....

Nombre de la madre
....

Lugar de nacimiento
....

Edad
....

Lugar de residencia
....

Profesión / trabajo
....

Presentamos la información
de los compañeros.

1. ¿Quién vive más cerca
   de la escuela?
2. ¿Quién es el más joven
   de la clase?
3. ¿Quién nació más lejos
   del lugar donde estáis?

ARCHIVO DE LÉXICO

Mis palabras
Profesiones

1 ◼ 9 🔖 23-24-25-26

Completamos los cuadros con las palabras que necesitamos.
Podemos usar un diccionario, internet, preguntar al profesor, etc.

— *Trabajo en un hospital / un banco / una empresa...*
— *Soy estudiante / arquitecto / taxista...*
— *Estoy en paro / jubilado/a...*

> Mi profesión:

> La de mis padres:

> La profesión de mi pareja:

> Las de mis hijos:

> La de un amigo mío:

> La de una amiga mía:

> La de otras personas importantes para mí:

2 ◼ 10

¿Cuáles son las profesiones de la clase?

— *¿En qué trabajas?*

Carol es ingeniera.

PROYECTOS

Mis personajes imprescindibles

Vamos a preparar dos fichas con datos personales y profesionales de dos personajes famosos (vivos) que consideramos "imprescindibles".

—*Es un/una…*
Nació en…
Vive en…
Es el/la autor/a, el/la director/a de…

Mi primer personaje imprescindible es Alejandro González Iñárritu. Es un director de cine mexicano…

Proyecto en grupo
Adivinar personajes

Elegimos el personaje sobre el que hemos trabajado u otro. Vamos a ser ese personaje. Con un compañero, preparamos la entrevista y la representamos delante de la clase sin decir quién es el personaje. El resto debe intentar adivinarlo.

— ¿Dónde nació usted?
— Nací en Ciudad de México.
— ¿En qué trabaja?
— Soy director de cine.

THE REVENANT
(*N.* ONE WHO HAS RETURNED, AS IF FROM

TRABAJAR, COMER Y DORMIR

DOCUMENTOS
DOSIER 01
La siesta
DOSIER 02
Comer tarde y dormir poco

LÉXICO
• **La mayoría de**, **muchos**
• **Dormir/dormirse**
• Las horas
• Los días de la semana
• El verbo **tomar**
• Las partes del día
• Hábitos cotidianas
• Algunos adjetivos para describir el carácter

GRAMÁTICA
• Los verbos irregulares
• Los verbos reflexivos
• **Se** + verbo en tercera persona
• Los interrogativos: **con quién**, **cuándo**

COMUNICACIÓN
• Hablar de rutinas diarias
• Preguntar la hora y darla
• Hablar de horarios

CULTURA
• La siesta
• Los horarios en España

PROYECTOS
• Comentamos estereotipos sobre nuestro país.
• Escribimos los datos sobre nuestros horarios que debe conocer un español que viene a nuestro país.

PUNTO DE PARTIDA

Nube de palabras
Rutinas

 A **◼1**

Miramos la nube. ¿Qué palabras reconocemos? Lo comentamos con nuestros compañeros.

B

Buscamos palabras o expresiones para las siguientes categorías.

> días de la semana

> momentos del día

> actividades cotidianas

Vídeo
Un día en la vida de un joven español

C **▶**

Vemos el vídeo y contestamos las siguientes preguntas.

▶ campus.difusion.com

1. ¿Cómo se llama?

2. ¿A qué se dedica?

3. ¿Cómo se llama su novia?

D **▶** **◼2**

Volvemos a ver el vídeo. ¿Cuáles de estas actividades hace Guillermo? ¿Cuándo?

	Por la mañana	Por la tarde	Por la noche
estudiar	☐	☐	☐
comer	☐	☐	☐
irse a la cama	☐	☐	☐
dar una vuelta	☐	☐	☐
volver a casa	☐	☐	☐
cenar	☐	☐	☐
ir a la escuela	☐	☐	☐
levantarse	☐	☐	☐

 E

¿Y nosotros? ¿Qué verbos necesitamos en español para hablar de las cosas que hacemos todos los días?

Leer, cocinar y nadar.

LA SIESTA

Jorge Herrera
Estudiante

"Al mediodía, cuando salgo de la universidad, voy a hacer deporte: al gimnasio o a correr un rato. Como algo en casa y, luego, por la tarde, estudio. Pero no duermo."

Laura Santos
Alumna de 1º de ESO

"Yo como todos los días en el colegio. Después de comer, vamos al patio un rato y jugamos o hablamos antes de volver a clase."

Raúl Pinilla
Funcionario

"Yo soy funcionario y tengo horario intensivo. Salgo a las 15 h y como muy tarde, a las 16 h o así, pero después duermo un rato."

Tomás Fernández y Teresa Suárez
Comerciantes

"Nosotros cerramos la tienda a las 13.30 h y vamos a casa, porque vivimos muy cerca. Comemos tranquilamente y yo duermo unos minutos en el sofá. Mi marido no: él lee el periódico, ve la tele… Luego volvemos a la tienda. Abrimos a las 17 h."

¿Qué es la siesta?

En Latinoamérica y España, algunas personas duermen después de comer. En general, no duermen más de una hora y no lo hacen en la cama. Eso es la siesta.

Necesitamos la siesta

Necesitamos la siesta por razones biológicas: después de comer, la sangre se concentra en el sistema digestivo y provoca sueño, especialmente cuando hace calor. Científicamente está demostrado que una siesta de 20 minutos (o menos), mejora la salud y reduce el estrés. Además, si dormimos una pequeña siesta, descansamos mejor por la noche.

La siesta: ¿realidad o leyenda?

Los días laborables, la mayoría de las personas no tiene tiempo para la siesta. Trabajan por la mañana y por la tarde y, durante la pausa del mediodía, comen cerca del trabajo o en el trabajo. Por eso, solo los fines de semana o durante las vacaciones comen en casa y pueden dormir la siesta.

 17-21

1. Marisa Chacón
Jubilada

2. Lucía Peña
Médica de familia

3. Eva Canales
Maestra de educación infantil

4. Pedro Ibáñez
Comercial

5. Javier Durán
Empleado de supermercado

01
LA SIESTA

Antes de leer
La siesta

 A

¿Qué ideas asociamos con la palabra **siesta**?

 B

Con dos compañeros, antes de leer los textos, tratamos de contestar a estas preguntas.

1. ¿Qué es la siesta?
2. ¿Crees que todo el mundo duerme la siesta en España? ¿Todos los días?
3. ¿Y en tu país?
4. ¿Crees que es una buena costumbre dormir la siesta? ¿Por qué?

—*Yo creo que es...*
—*En España se duerme...*
—*Muchos españoles duermen...*

Texto y significado
Los españoles y la siesta

 C

Leemos los textos y buscamos las respuestas a las preguntas de **B**.

D **1-2-3**

Leemos los testimonios de las personas que acompañan el artículo. ¿Quiénes duermen la siesta? ¿Qué hace la mayoría? Comparamos nuestros resultados con los de un compañero.

E **17-21** **3** **4**

Escuchamos los otros testimonios y anotamos por qué duermen y por qué no duermen la siesta las personas de la grabación.

Texto y lengua
Acciones cotidianas

 F **5-6-7-8-9**

Nos fijamos en estas formas verbales que aparecen en los testimonios. ¿Cuál es el infinitivo correspondiente? ¿Son formas regulares o irregulares? Completamos la tabla.

	Infinitivo	Forma regular	Forma irregular
salgo	salir	☐	☒
voy		☐	☐
como		☐	☐
estudio		☐	☐
duermo		☐	☐
lee		☐	☐
ve		☐	☐

AGENDA DE APRENDIZAJE

En español y en otras lenguas
Las partes del día

Miramos cómo se divide el día en España. ¿Cómo es en nuestra lengua y en nuestra cultura? Lo dibujamos.

| por la mañana | a media mañana | al mediodía | por la tarde | por la noche |

Reglas y ejemplos
El presente: algunas formas irregulares

  RG / P.140

Algunos verbos tienen el presente irregular con varias formas para la raíz, por ejemplo, **dormir**, **poder** y **volver**. ¿Podemos completar las formas que faltan?

		dormir (o>ue)	poder	volver
Singular	Yo	d**ue**rmo		v**ue**lvo
	Tú	d**ue**rmes	p**ue**des	
	Él/ella/usted	d**ue**rme		v**ue**lve
Plural	Nosotros/nosotras	dormimos		
	Vosotros/vosotras	dormís		volvéis
	Ellos/ellas/ustedes	d**ue**rmen	p**ue**den	

3 RG / P.140

¿Podemos deducir las formas que faltan?

cerrar (e>ie)	jugar (u>ue)
c**ie**rro	j**ue**go
c**ie**rras	j**ue**gas
cerramos	jugamos
	j**ue**gan

---

4 10-11 RG / P.140

Algunos verbos, como **hacer**, tienen solo la primera persona irregular. Completamos las formas de ese verbo y de **salir**.

hacer	salir
hago	
haces	
hacéis	

5 12 RG / P.140

¿Qué irregularidades observamos en el verbo **tener**? Las marcamos.

tener
tengo
tienes
tiene
tenemos
tenéis
tienen

01
TALLER DE USO

En parejas
Nuestras rutinas

En parejas, preparamos preguntas para un compañero sobre los siguientes aspectos.

- **las comidas de los domingos**
- **actividades de los viernes por la noche**
- **actividades de los sábados por la mañana**
- **deportes**
- **actividades de después de cenar**
- **cenar durante la semana**
- **trabajar o estudiar**
- **salir de casa por la mañana**

—*¿Con quién...?*
—*¿Qué.... haces...?*
—*¿Qué haces los...?*
—*¿Cuándo sales...?*

¿Con quién comes los domingos?

Hacemos las preguntas anteriores a un compañero de otra pareja. Decidimos por sus respuestas cómo es.

—*Es una persona (muy)... porque...*

- ☐ activa
- ☐ deportista
- ☐ dormilona
- ☐ sociable
- ☐ intelectual
- ☐ casera
- ☐ juerguista
- ☐ trabajadora
- ☐ ocupada
- ....
- ....

—¿Qué deportes haces?
—En verano hago surf, y en invierno salgo a correr dos días por semana.
—Entonces eres bastante deportista, ¿no?

En grupos
Nuestro día perfecto

 13·14·15

En grupos de tres, pensamos cómo es para nosotros un día perfecto. ¿Qué hacemos? ¿Dónde estamos? ¿Con quién? Tomamos notas.

Por la mañana temprano

dormir

A media mañana

desayunar tranquilamente con amigos

Al mediodía

Por la tarde

A media tarde

Por la noche

Ahora elaboramos un breve texto titulado "Nuestro día perfecto". Lo colgamos en la pared y leemos los de los demás grupos. Vamos a votar entre todos cuál es el día más perfecto.

NUESTRO DÍA PERFECTO

Dormimos hasta las 11 de la mañana

COMER TARDE Y DORMIR POCO

Comidas

En España, los horarios de las comidas son diferentes de los europeos. Normalmente se desayuna muy poco antes de ir al trabajo (un café, un vaso de leche con galletas...), pero es muy normal hacer una pausa a media mañana, sobre las 11 h, para comer un bocadillo o un cruasán y un café. Para la mayoría de los españoles, la comida principal es al mediodía, entre las 13.30 y las 15 h (las comidas de negocios pueden durar hasta las 17 h). De todos modos, la costumbre de almorzar más ligero se extiende entre los jóvenes. A los restaurantes, por la noche, se llega entre las 21.30 y las 00.00 h. En casa, excepto niños y ancianos, es normal cenar a partir de las 21 h. Y en verano, más tarde...

Comercios y oficinas

Muchas tiendas cierran dos o tres horas al mediodía (de 13.30 a 16.30 h) y muchas oficinas de organismos públicos o bancos no abren por la tarde. Los supermercados y grandes almacenes no cierran al mediodía.

Ocio

A la salida del trabajo muchos españoles no vuelven inmediatamente a su casa. Toman una caña de cerveza o una copa de vino y una tapa con colegas o amigos. Por la noche, los españoles se acuestan muy tarde, especialmente los fines de semana. Un ejemplo: los programas estrella de la tele empiezan a las 22.30 h. En los cines, la última sesión comienza también sobre las 22.30 h. Y los fines de semana todo se hace más tarde: ¡las discotecas están vacías hasta las 2 h o las 3 h!

Trabajo

Muchos españoles tienen horario partido, con una pausa al mediodía de dos o tres horas. Pero todo el mundo sueña con el horario intensivo de los funcionarios o de los bancos, de 8 a 15 h.

Niños y escuelas

Las escuelas primarias españolas tienen una pausa para comer de dos horas y media o tres. Los niños entran en el colegio a las 9 h o a las 9.30 h. Muchos comen en el colegio y salen a las 17 h. Los alumnos de secundaria entran, en general, a las 8.30 h. Después de la escuela, la mayoría tiene una o dos horas de actividades extraescolares (música, deporte...). Después, los deberes, la cena y un poco de tele. Resultado: muchos escolares no duermen lo suficiente.

02
COMER TARDE Y DORMIR POCO

Antes de leer
Los horarios en mi país

 A

Marcamos qué afirmaciones se cumplen en nuestro país y comparamos con las respuestas de un compañero.

1. Las tiendas no abren los domingos. ☐

2. Los supermercados están abiertos hasta muy tarde. ☐

3. Los bancos abren por la tarde. ☐

4. Las tiendas pequeñas cierran al mediodía. ☐

5. Los grandes almacenes abren todos los días de la semana. ☐

6. Se desayuna fuerte y se cena poco. ☐

7. Es normal trabajar de 8 a 15 h. ☐

Texto y significado
Horarios españoles

 B

Con un compañero buscamos en el texto y en las imágenes las diferencias entre los horarios de nuestro país y los españoles. ¿Hay algo que nos sorprende?

Una tienda de juguetes

66

Algunas tiendas cierran al mediodía. 99

Horario

Atención al público:
De lunes a viernes   de 8.15 a 14 h
Jueves   de 16.30 a 19.45 h

Verano (de mayo a septiembre):
De lunes a viernes   de 8.15 a 14 h

Un banco

abrimos de
lunes a sábado
de 9h a 22h

servicio a domicilio
gratuito
*solicita información en caja

Un supermercado

HORARIO

Lunes a jueves	10.00h	a	14.00h
	15.30h	a	19.00h
Viernes	9.30h	a	19.00h
Sábados	9.30h	a	13.30h

Una peluquería

Texto y lengua
¿Es normal?

 C 📖 16

Según el texto, ¿es normal en España hacer las siguientes cosas?

— *Desayunar un día laborable a las diez y media de la mañana.*
— *Comer a las tres de la tarde.*
— *Cenar en un restaurante a las siete de la tarde.*
— *Ver una película en el cine después de las diez de la noche.*
— *Empezar el colegio a las ocho de la mañana.*
— *Salir del colegio a las cinco de la tarde.*

Texto y significado
Horarios de establecimientos

 D 🔊 22-27 📹 5 📖 17

Escuchamos los contestadores automáticos de estos establecimientos. ¿Cuáles están abiertos en este momento?

	Horario	¿Abierto?
1. La peluquería		☐
2. El dentista		☐
3. Correos		☐
4. El museo		☐
5. El centro comercial		☐
6. El restaurante		☐

AGENDA DE APRENDIZAJE

Palabras para actuar
Las horas

1

Miramos cómo se dan las horas en español y completamos las que faltan.

—¿A qué hora empiezas a trabajar?

—A las *nueve.*   (9.00 h)

      nueve y diez.   (9.10 h)

      nueve y cuarto.   (9.15 h)

      _____.   (9.20 h)

      nueve y media.   (9.30 h)

      diez menos veinte.   (9.40 h)

      diez menos cuarto.   (9.45 h)

      _____.   (9.50 h)

      nueve de la mañana. (9.00 h)

      seis de la tarde.   (18.00 h)

      _____.   (21.00 h)

—¿Qué hora es?

—Son las tres en punto.

> ❗ En la lengua escrita y en los servicios públicos suele utilizarse de 00 a 24 h.

Reglas y ejemplos
La mayoría de, muchos, se...

2   **21**   RG / P.133

Leemos estos datos que da el texto y nos fijamos en las partes resaltadas. Luego escribimos frases sobre nuestro país.

— *La mayoría de los niños hace alguna actividad extraescolar.*
— *En España, normalmente, se desayuna poco.*
— *Muchos españoles tienen horario partido.*
— *Todo el mundo sueña con el horario intensivo de los funcionarios.*

Mis ejemplos:

La mayoría de _____

En mi país _____

Muchos _____

En mi país se _____

Reglas y ejemplos
Los verbos reflexivos

3   **7**   **22**   RG / P.138

Muchos verbos que indican un cambio de estado en el sujeto funcionan como verbos reflexivos. Miramos cómo se conjuga el verbo **levantarse** y buscamos en el texto otros verbos que funcionan como él.

Singular	**Yo**	**me**	levanto
	Tú	**te**	levantas
	Él/ella/usted	**se**	levanta
Plural	**Nosotros/nosotras**	**nos**	levantamos
	Vosotros/vosotras	**os**	levantáis
	Ellos/ellas/ustedes	**se**	levantan

> ❝ Los españoles se levantan tarde. ❞

En español y en otras lenguas
Los verbos reflexivos

4

¿Existen los verbos reflexivos en nuestra lengua? ¿Hay algunos relacionados con las acciones cotidianas? Investigamos si en español también son reflexivos.

02
TALLER DE USO

En grupos
La vida de Nicolás

Miramos la vida de Nicolás y escribimos debajo cómo es la nuestra.
Luego comparamos con cuatro compañeros. ¿Qué tenemos en común?

Se levanta a las 7 h.

Yo, a las...

Va al trabajo en metro.

Yo

Empieza a trabajar a las 8 h.

Yo

Come a las 14 h.

Yo

Sale del trabajo a las 18 h.

Yo

Cena a las 22 h.

Yo

Entra un rato en internet.

Yo

Se acuesta a las 23 h.

Yo

> —Nicolás se levanta a las 7 h.
> — Yo a las 8 h.
> —Yo también a las 8 h.
> —Yo a las 6 h.

En grupos
Es normal, es tarde, es pronto

Para nosotros, ¿es pronto, es tarde o es normal? Hablamos en pequeños grupos. ¿Estamos todos de acuerdo?

—*Salir del trabajo a las 20 h.*
—*Comer a las 13 h.*
—*Acostarse a las 22.30 h.*
—*Ir al supermercado a las 20.30 h.*
—*Desayunar a las 10 h.*
—*Levantarse a las 6 h.*
—*Cenar a las 17 h.*
—*Cenar a las 22 h.*

En parejas
Mis horarios

C

Le preguntamos a un compañero sobre sus horarios. ¿Quién hace qué más tarde? ¿Tenemos horarios parecidos?

¿A qué hora...	Yo más tarde	Él/ella más tarde
... te levantas?	☐	☐
... empiezas a trabajar / las clases?	☐	☐
... comes?	☐	☐
... sales del trabajo / de clase?	☐	☐
... cenas?	☐	☐
... te acuestas?	☐	☐

> —¿A qué hora te levantas?
> —A las 8 h, ¿y tú?
> —Yo a las 7.30 h.
> —Ah, pues tú te levantas más tarde.

ARCHIVO DE LÉXICO

Palabras en compañía
Dormir y dormirse

 1

Observamos los verbos **dormir** y **dormirse**, las palabras que los acompañan y las muestras de lengua. ¿Sabemos qué significa cada uno?

—*Los fines de semana me gusta dormir un rato en el sofá.*
—*Me voy a dormir, que es muy tarde y mañana hay que trabajar.*

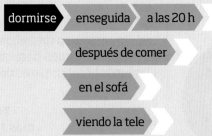

—*No puedo ver películas por la noche: me duermo enseguida.*
—*¿Se ha dormido ya el niño?*

 2

¿En nuestra lengua se utilizan dos verbos diferentes como **dormir** y **dormirse**? ¿Cuáles?

3

Escribimos tres costumbres que tenemos relacionadas con el sueño utilizando **dormir** y **dormirse**.

Yo los sábados me voy a dormir muy tarde.

Palabras en compañía
El verbo tomar

4

Completamos las siguientes series.

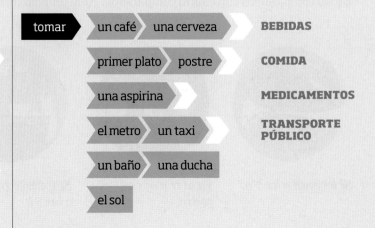

Mis palabras
Mis rutinas

5 📄 25-26

Vamos a hacer un juego para memorizar palabras importantes para cada uno de nosotros. Seguimos los siguientes pasos.

- Escogemos cinco palabras o grupos de palabras.
- Escribimos con ellas cinco ejemplos relacionados con nuestros hábitos cotidianos y le damos la hoja al profesor.
- El profesor redistribuye las hojas entre toda la clase.
- Cada uno lee el texto que le ha tocado e intenta adivinar de quién es.

Por las mañanas, me gusta tomar un café con leche antes de ducharme y otro al llegar al trabajo. **99**

PROYECTOS

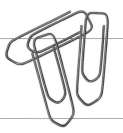

Proyecto en grupo
Hablamos sobre estereotipos

 A

Escribimos en una hoja tres costumbres de nuestro país o tres estereotipos que están muy generalizados. Podemos usar formas como:

— *Trabajamos... / Se trabaja...*
— *Viajamos... / Se viaja...*
— *Bebemos... / Se bebe...*
— *Comemos... / Se come...*
— *Tenemos... / Se tiene...*
— *Somos...*

 B

Se la pasamos a los compañeros, que deben opinar con una equis (X).

 C

Luego exponemos las hojas con los resultados y los comentamos.

Los alemanes bebemos mucha cerveza.
Sí X X
No X X X

En Alemania....
Sí
No

Proyecto individual
Horarios importantes en mi país

 D

Vamos a escribir los datos sobre nuestros horarios que deberíamos dar a un español que viene a nuestro país. Pensamos en el léxico que necesitamos para hablar de estos temas.

- **comidas**
- **ocio**
- **comercios y oficinas**
- **trabajo**
- **niños y escuelas**
- **otros**

 E

Redactamos nuestro texto y añadimos las fotografías que queramos.

 F

Leemos nuestros textos en pequeños grupos y comentamos las posibles diferencias que encontremos.

G

Intercambiamos los textos con un compañero y nos hacemos propuestas para mejorarlos.

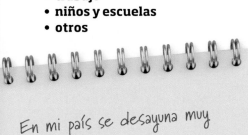

En mi país se desayuna muy pronto, entre las 6.30 y las 8.00 h.

¿AL CINE O A TOMAR ALGO?

DOCUMENTOS
DOSIER 01
**Madrid de día
y de noche**
DOSIER 02
Nuestro tiempo libre

LÉXICO
- Actividades de ocio en una ciudad
- Ocio y aficiones
- **Jugar/tocar/hacer**
- **Ir a/en/de**
- **A mí también, a mí tampoco, a mí sí, a mí no**
- **Ningún, ninguna**

GRAMÁTICA
- Adjetivos calificativos
- **Muy, más**
- Los verbos de afección: **gustar, interesar**
- **Hay, no hay, está**
- **Me gustaría**

COMUNICACIÓN
- Expresar preferencias
- Hablar de frecuencia
- Expresar gustos, intereses y aficiones
- Expresar existencia y ubicación
- Expresar deseos

CULTURA
- Actividades de ocio en Madrid
- Algunos destinos turísticos del mundo hispanohablante
- Los españoles y el tiempo libre

PROYECTOS
- Elaborar una guía de lugares especiales de nuestra ciudad.
- Presentar una serie de propuestas de ocio para una capital hispanoamericana.

PUNTO DE PARTIDA

Nube de palabras
En la ciudad

A

¿Qué relación hay entre la nube de palabras y el título de la unidad? Hablamos con otros compañeros.

B

Buscamos palabras en la nube para completar la tabla de la derecha.

Cosas que se pueden hacer en una ciudad	Lugares a los que se puede ir en una ciudad	Adjetivos que se pueden aplicar a una ciudad

Vídeo
Madrid

C

¿Qué sabemos sobre Madrid? Hablamos con los compañeros.

▶ campus.difusion.com

—*Está en...*
—*Tiene...*
—*Hay...*
—*Es una ciudad...*

D

En Madrid se pueden hacer muchas cosas. ¿En qué orden se mencionan estas en el vídeo?

ir a tomar algo ☐
ir de cañas ☐
ir de compras ☐
ir a un museo ☐
hacer deporte ☐
ir al cine y al teatro ☐
descansar ☐
comer un bocadillo de calamares ☐

MADRID DE DÍA Y DE NOCHE

VISITAS Y PASEOS

ARTE

CINE

TEATRO Y DANZA

MÚSICA

IR DE COMPRAS

DEPORTE

BARES Y RESTAURANTES

LA CASA ENCENDIDA

CULTURA + SOLIDARIDAD + MEDIO AMBIENTE + EDUCACIÓN

montemadrid fundación

Ronda de Valencia, 2
lacasaencendida.es

Centro social y cultural que apoya la creación artística y en el que se pueden ver exposiciones de arte vanguardista, películas, obras de teatro, etc. Además, ofrece cursos y talleres sobre cultura, educación, medioambiente o solidaridad.

La blanca paloma
Espíritu Santo, 21

Bar de ambiente juvenil en pleno barrio de Malasaña. Un buen lugar para ir con grupos a final de mes. No hay cañas, solo jarras de medio litro. Puedes comer raciones enormes o tapas de rabas, huevos fritos, canapés de jamón, lacón o pollo con patatas...

Centro comercial Xanadú y complejo de esquí
Autovía A-5, Km. 22

El centro comercial más grande de Europa está en Madrid. Está a 22 km del centro de la ciudad. Hay todo tipo de tiendas, cines y restaurantes. Y para hacer un poco de deporte, un circuito de karts y una pequeña estación de esquí con una pista de 250 m.

MUSEO SOROLLA

General Martínez Campos, 37
museosorolla.mcu.es

Preciosa casa museo con importantes obras del pintor valenciano Joaquín Sorolla. El edificio, los muebles, los jardines, de estilo andaluz, y la colección de pinturas nos llevan a principios del siglo xx y nos acercan a la obra y la personalidad del "pintor de la luz".

Las Tablas
Tablao flamenco

LT

Plaza de España, 9
lastablasmadrid.com

Flamenco en directo todos los días con actuaciones de grandes figuras del flamenco y artistas jóvenes. Actuaciones a las 20.00 h y a las 22.00 h. Entrada: 29 euros con consumición mínima incluida. Opción de cena con espectáculo. Además, algunos días, jazz, blues, títeres o teatro.

CHUECA, EL SOHO MADRILEÑO

Chueca, un barrio pequeño pero lleno de vida, es uno de los más cosmopolitas y divertidos de la ciudad. Es también el centro de la vida gay de Madrid. La oferta de restaurantes, bares y terrazas es muy grande y muy variada: desde tabernas de toda la vida, en viejos edificios del siglo xix, hasta los más modernos o exóticos locales. Es, sin duda, una zona ideal para pasear y descubrir el arte y la moda más actuales en todo tipo de tiendas.

01 MADRID DE DÍA Y DE NOCHE

Antes de leer
Visitando una ciudad

 A

¿Qué cosas nos gusta hacer cuando visitamos una ciudad?

— *Cuando viajo, a mí me gusta…*

ir de compras ☐

ir a ver espectáculos ☐

pasear ☐

comer platos típicos ☐

visitar museos y monumentos ☐

conocer gente ☐

Texto y significado
Actividades de ocio

 C 3 1-2-3

Estas personas están en Madrid. ¿Adónde pueden ir?

 "Esta noche quiero salir a tomar algo." **Gabriel**

 "Yo quiero cenar algo típico y me interesa mucho el arte." **Charo**

 "Yo necesito hacer deporte todos los días." **Susana**

 "A mí me gusta mucho la música española." **David**

 "A mí me gusta pasear por la parte antigua de las ciudades." **Marta**

 "Yo necesito comprar unas camisetas y unos regalos." **Emilio**

 D 4-5-6

¿A nosotros qué nos interesa? ¿A dónde nos gustaría ir?

" A mí me gustaría ir a Las Tablas. **"**

Texto y significado
Actividades de ocio

 B

Miramos las imágenes y leemos el texto sobre Madrid para encontrar…

- **un museo de pintura**
- **un centro cultural**
- **un barrio interesante**
- **un lugar donde comer**
- **un lugar para comprar ropa**
- **un local con música en vivo**

Texto y significado
Al teléfono

 E 28-30  4 7-8

Escuchamos las llamadas. ¿En qué orden llaman?

Llamada	Objetivo
☐	Llama al Museo Sorolla para saber el horario.
☐	Llama a Las Tablas para saber qué actuación hay hoy.
☐	Llama a un bar para reservar una mesa.

Reglas y ejemplos
Me gusta, me interesa

1 RG / P.141

Nos fijamos en cómo se usan los verbos **gustar** e **interesar** y escribimos nuestros propios ejemplos.

Gustar + sustantivo
—*(A mí) me gusta la música latina.*
—*(A mí) me gustan las grandes ciudades.*

Gustar + infinitivo
—*(A mí) me gusta bailar.*

Interesar + sustantivo
—*(A mí) me interesa la arquitectura.*
—*(A mí) me interesan los museos de Historia.*

Interesar + infinitivo
—*(A mí) me interesa conocer otras culturas.*

Mis ejemplos:

(A mí) me gusta/n

(A mí) me interesa/n

Palabras para actuar
A mí también, a mí tampoco, a mí sí, a mí no

2

Leemos estas conversaciones. ¿Quiénes tienen los mismos gustos? ¿Quiénes tienen gustos diferentes?

1.
☺ —*Me gusta el flamenco.*
☺ —*A mí también.*

2.
☺ —*Me gusta el flamenco*
☹ —*A mí no.*

3.
☹ —*No me gusta el flamenco.*
☺ —*A mí sí.*

4.
☹ —*No me gusta el flamenco.*
☹ —*A mí tampoco.*

Reglas y ejemplos
Hay, no hay, está

3  RG / P.141

Observamos cómo se expresa existencia y ubicación en español y escribimos nuestros propios ejemplos.

Existencia
—*En mi ciudad hay (muchos) museos interesantes.*
   (muchas) tiendas bonitas.
   un zoo muy bonito.

—*En mi barrio no hay ningún museo.*
—*En mi pueblo no hay ninguna escuela de idiomas.*
—*En mi región no hay montañas.*

Ubicación
—*El zoo está en las afueras de la ciudad.*
—*Mi escuela está cerca/lejos del centro.*

Mis ejemplos:

Palabras para actuar
Me gusta, me gustaría

4

Nos fijamos en las viñetas. ¿Qué diferencia hay entre **me gusta** y **me gustaría**? Hablamos con nuestros compañeros.

—*Me gusta ir a la playa.*   —*Me gustaría ir a la playa.*

Mis ejemplos:

TALLER DE USO

En parejas
Ocio en nuestra ciudad

En parejas escribimos respuestas a las preguntas de un foro sobre nuestra ciudad o la ciudad donde estudiamos.

 Marta: ¿Alguien conoce un buen restaurante para comer comida típica?

 Emilio: Tengo poco tiempo pero quiero ir a un museo. ¿Alguna sugerencia?

 Pablo: Me gusta nadar todos los días. ¿Hay alguna piscina cubierta pública?

 Rafael: ¿Hay algún monumento interesante? Estoy dos días en la ciudad.

 María: Busco un hotel. Me gustan los barrios antiguos, y las zonas con vida nocturna. ¿Alguna idea?

 Ana: ¿Dónde puedo comprar ropa bonita y barata?

—*Puedes…*
—*Hay un/una… muy… en…*
—*Está en…*
—*Es un restaurante muy bueno/a…*
    barrio   muy interesante…
                 muy agradable…
                 muy bonito/a…
                 muy grande…
—*No hay ningún/a…*

Hay un centro comercial muy grande en las afueras.

En parejas
¿Compartimos gustos?

Leemos estos anuncios de destinos turísticos y comentamos cuáles nos gustaría visitar y por qué.

ASTURIAS
- ARTE PREHISTÓRICO Y PRERROMÁNICO
- SENDERISMO Y DEPORTES DE MONTAÑA
- COMIDA TRADICIONAL

IBIZA
- SOL Y PLAYA
- DEPORTES NÁUTICOS
- RELAX Y FIESTA

MÁLAGA
- MUSEO PICASSO
- FLAMENCO Y FIESTAS TRADICIONALES
- TAPAS

PENÍNSULA DE YUCATÁN
- CULTURA MAYA
- NATURALEZA
- SOL Y PLAYA

CARTAGENA DE INDIAS
- ARQUITECTURA COLONIAL
- PLAYA Y DEPORTES NÁUTICOS
- VIDA NOCTURNA

— *A mí me gustaría ir a Cartagena de Indias porque hay playas y porque me interesa la arquitectura colonial.*

EN NUESTRO TIEMPO LIBRE

¿A qué dedicamos nuestro tiempo libre? Según estadísticas oficiales, dar un paseo, ver la tele y leer son las actividades de ocio principales de los españoles. El deporte e internet también interesan a muchos. En total, dedicamos una media de seis horas diarias a relajarnos y a pasarlo bien.

Nuevas tecnologías, nuevo ocio
Muchas personas pasan una parte importante de su tiempo libre delante de alguna pantalla. Más del 80 % de las familias españolas tiene internet y muchos, sobre todo los jóvenes, dedican más de una hora al día a las redes sociales, a ver vídeos o a jugar online.

35 minutos
Leer

85 minutos
Ver la televisión

90 minutos
Vida social

50 minutos
Escuchar música / la radio

70 minutos
Otras actividades de ocio, deportivas y juegos

Encuesta

Cultura y espectáculos

Leer la prensa

Leer

Ir al cine

Ir al teatro

Ir a conciertos

Ir a conferencias o cursos

Ir a museos o exposiciones

Escuchar música

Deportes

Andar o correr

Ir en bici

Nadar

Ir al gimnasio

Otros deportes

Ir a competiciones deportivas

Con la familia o con los amigos

Ir a tomar algo

Ir a comer fuera

Ir a bailar

Visitar a amigos

Invitar a amigos a casa

Tecnología y comunicación

Ver vídeos en internet

Jugar a videojuegos

Entrar en redes sociales

En casa

Trabajar en el jardín

Hacer bricolaje

Cocinar

Ver la tele

EN NUESTRO TIEMPO LIBRE

¿Te gusta?		¿Lo haces?		
Sí	**No**	**Sí**	**A veces**	**Nunca**
☐	☐	☐	☐	☐
☐	☐	☐	☐	☐
☐	☐	☐	☐	☐
☐	☐	☐	☐	☐
☐	☐	☐	☐	☐
☐	☐	☐	☐	☐
☐	☐	☐	☐	☐
☐	☐	☐	☐	☐
Sí	**No**	**Sí**	**A veces**	**Nunca**
☐	☐	☐	☐	☐
☐	☐	☐	☐	☐
☐	☐	☐	☐	☐
☐	☐	☐	☐	☐
☐	☐	☐	☐	☐
☐	☐	☐	☐	☐
Sí	**No**	**Sí**	**A veces**	**Nunca**
☐	☐	☐	☐	☐
☐	☐	☐	☐	☐
☐	☐	☐	☐	☐
☐	☐	☐	☐	☐
☐	☐	☐	☐	☐
Sí	**No**	**Sí**	**A veces**	**Nunca**
☐	☐	☐	☐	☐
☐	☐	☐	☐	☐
☐	☐	☐	☐	☐
Sí	**No**	**Sí**	**A veces**	**Nunca**
☐	☐	☐	☐	☐
☐	☐	☐	☐	☐
☐	☐	☐	☐	☐
☐	☐	☐	☐	☐

Antes de leer
Gustos y hábitos

A

Escribimos cinco actividades que hacemos en nuestro tiempo libre. Luego lo comentamos con los compañeros. ¿Hacemos cosas parecidas?

Texto y significado
Tiempo libre

B

Leemos el texto de introducción. ¿Tus actividades de ocio coinciden con las de la mayoría de los españoles?

C

Completamos la encuesta y comparamos nuestros resultados con los de dos compañeros. ¿Qué tenemos en común?

—¿Vosotros *vais mucho* al cine?

—Yo no, no *mucho*.

—Yo sí, yo *voy mucho*. Casi todos los fines de semana.

Texto y significado
¿Qué hace Martín?

D 🔊 31 📹 8 📄 15

Escuchamos la grabación y tomamos notas de lo que hace Martín en su tiempo libre.

E

Analizamos las respuestas de Martín. ¿Cuáles de estas tres recomendaciones le hacemos? Hablamos con dos compañeros.

—*El tiempo libre es importante. La vida no solo es trabajo.*

—*Tu vida es bastante equilibrada, pero tienes que hacer un poco más de deporte.*

—*Haces mucho deporte y sales mucho... ¿Tienes tiempo para todo?*

Texto y lengua
Actividades de tiempo libre

F 📄 16-17

Releemos la encuesta durante un minuto. Luego la tapamos e intentamos recordar con qué palabras se combinan estos verbos. ¿Se nos ocurren otras?

leer	**invitar**	**hacer** ....
ir a	**jugar**	**ver** ....
visitar	**trabajar**	**entrar** ....

Palabras para actuar
Hablar de los días y la frecuencia

1  🎥 9 📖 18-19   RG / P.138

Leemos las frases y escribimos nuestros ejemplos.

—*De lunes a jueves voy a clase.*
—*Los viernes no tengo clase.*
—*Entre semana no salgo.*
—*Los fines de semana salgo con mis amigos.*
—*Los días festivos como en casa de mis padres.*

—*Algunos días como en casa de mis padres.*
—*Dos veces por semana voy a clase de inglés.*

—*Voy mucho al cine.*
—*Leo mucho.*

—*Todos los días corro un rato.*
—*Todas las tardes entra un rato en internet.*
—*Todas las noches llamo a mi novia.*

—*No voy nunca al gimnasio.*

Mis ejemplos:

Palabras en compañía
Aficiones: tocar, hacer, jugar

2  🎥 10 📖 20-21-22-23-24

Escribimos nuestras actividades de ocio preferidas y las de personas importantes para nosotros.

Tocar el piano	**Hacer running**	**Jugar al tenis**
Tocar la flauta	**Hacer yoga**	**Jugar al fútbol**
Tocar la batería	**Hacer karate**	**Jugar al ajedrez**

Yo
toco el/la…
hago…
juego al / a la…

Mi mejor amigo/-a
toca el/la…
hace…
juega al / a la…

En español y en otras lenguas
Gustar

3   RG / P.141

¿Cómo es en nuestra lengua? Buscamos ejemplos.

El verbo **gustar** funciona como algunos de sus equivalentes en otras lenguas.

inglés	portugués	alemán
please	**agradar**	**gefallen**
francés	italiano	
plaîre	**piacere**	

El sujeto no es la persona que experimenta, sino la cosa que produce el sentimiento.

– **Me gusta** el cine mexicano.
      sujeto

– **Me gustan** las películas mexicanas.
      sujeto

TALLER DE USO

Entre todos
Nuestras actividades de tiempo libre

 A

¿Con qué frecuencia hacemos estas cosas? ¿Hacemos otras?

Ir a tomar algo con amigos	*Voy mucho, todos los fines de semana.*
Ir a comer fuera	
Ir al cine / al teatro	
Ir a conciertos	
Ir a exposiciones	
Ir a museos	
Ir a correr	
Ir de compras	
Ir de excursión	

 B

¿Cuáles son las actividades que más hacemos? Lo comentamos entre todos.

ir a museos xxxxx
ir de excursión xxxxxxxxx

Entre todos
Entrevistamos al profesor

 C

Entre todos vamos a entrevistar al profesor sobre sus gustos y hábitos en el tiempo libre. Le preguntamos qué hace y con qué frecuencia.

—¿Haces deporte?
—Sí, voy a correr todos los días.
—¿Y ves mucho la tele?
—No, no mucho. Casi nunca. 🙶

{ Recuerda que tienes que decidir si utilizas TÚ o USTED para dirigirte al profesor: haces/hace }

ARCHIVO DE LÉXICO

Palabras en compañía
Bonito, bueno, interesante, agradable

1 RG / P.139

¿Qué es para nosotros?

- **un restaurante bonito**
- **un restaurante bueno**
- **un restaurante interesante**
- **un restaurante agradable**

2 11 | 25-26-27

¿Cuáles de estos adjetivos puedes combinar con los siguientes nombres?
¿Qué significan las diferentes combinaciones posibles?

	bonito/a	interesante	bueno/a	agradable
un libro	☐	☐	☐	☐
una exposición	☐	☐	☐	☐
un escritor	☐	☐	☐	☐
una cantante	☐	☐	☐	☐
una obra de teatro	☐	☐	☐	☐
un vino	☐	☐	☐	☐
un barrio	☐	☐	☐	☐
un coche	☐	☐	☐	☐
una persona	☐	☐	☐	☐
un color	☐	☐	☐	☐
un sabor	☐	☐	☐	☐
una casa	☐	☐	☐	☐

Palabras en compañía
Ir a, Ir de

3

Intentamos recordar todas las expresiones que hay en la lección con el verbo **ir**.

ir a
ir a nadar

ir de
ir de excursión

PROYECTOS

Proyecto individual
Una guía de nuestra ciudad

A

Vamos a hacer una guía de lugares especiales de la ciudad donde aprendemos español. Seguimos los siguientes pasos.

- Escogemos dos lugares que nos gustan: un bar o restaurante, un centro cultural, una tienda, un parque, etc.
- Escribimos una ficha sobre cada uno.
- Podemos incluir fotografías y buscar información en internet.
- Colgamos nuestras fichas en la pared de la clase o en nuestro espacio virtual compartido, donde podemos añadir comentarios.

Norah Linker

Santiago de Compostela. Parque de Santo Domingo de Bonaval. Es un parque muy bonito con hierba, árboles y buenas vistas. Está muy cerca del centro y hay muchos bares y restaurantes. Es ideal para descansar después de pasear por la ciudad. Está abierto todos los días de 8 a 20 h (en invierno) y de 8 a 23 h (en verano).

👍 ME GUSTA   💬 COMENTAR   ↗ COMPARTIR

Dirk Schmidt ¡Qué bonito! ¡Me gusta mucho!

Proyecto en grupo
Un día en una ciudad hispanoamericana

B

Escogemos entre toda la clase una ciudad de Latinoamérica o España que nos interesa.

C

En grupos, buscamos información en la red, elegimos lugares para visitar o actividades que se pueden hacer durante un día y planificamos una visita.

—*Podemos ir primero a...*
—*Y luego, a mediodía, podemos...*
—*De acuerdo, pero a mí también me interesa mucho...*

D

Cada grupo presenta sus propuestas en un cartel o con diapositivas. Luego votamos. ¿Cuál es el mejor plan?

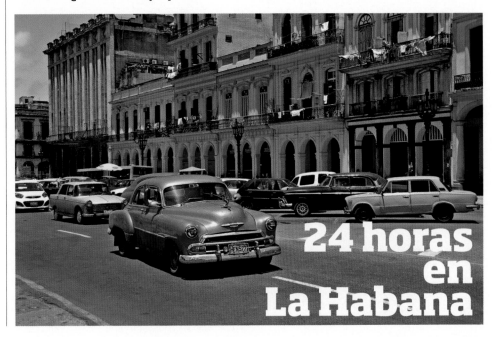

24 horas en La Habana

PAN, AJO
Y ACEITE

UNIDAD 6

DOCUMENTOS
DOSIER 01
**La comida rápida,
versión española**
DOSIER 02
Viajeros gourmets

LÉXICO
• Alimentos e ingredientes
• **Comer**, **beber** y **tomar**
• Las comidas del día

GRAMÁTICA
• El verbo **gustar**
• El verbo **preferir**
• El verbo **llevar**
• Cuantificadores: **mucho**,
  poco, **bastante**,
  demasiado

COMUNICACIÓN
• Hablar de comida
• Desenvolverse en un bar
• Hablar de productos e
  ingredientes
• Hablar de hábitos
  alimenticios
• Expresar gustos y
  preferencias

CULTURA
• Alimentos y platos típicos
  de España y Latinoamérica
• Las tapas
• Hábitos alimenticios en
  España y Latinoamérica

PROYECTOS
• Escribimos un texto sobre
  la comida rápida en nuestro
  país.
• Describimos un plato que
  conocemos.
• Decidimos la carta para un
  restaurante hispano.

PUNTO DE PARTIDA

Nube de palabras
Comer y beber

 A

Buscamos en la nube de palabras cosas que ...

| me gusta(n) | no me gusta(n) | no sé qué son |

> ❝¿Sabes qué es
> 'verdura'?❞

Vídeo
El bocadillo

B

Miramos esta fotografía. Entre
todos, definimos la palabra
bocadillo. ¿Existe algo parecido
en nuestra cultura? ¿Se come
mucho? ¿Cuándo se come?

▶ campus.difusion.com

C

Antes de ver el vídeo, relacionamos cada alimento con su fotografía.

A   B   C   D   E

F   G   H   I   J

1. paté   **3.** chorizo   **5.** pimiento   **7.** tortilla   **9.** jamón
2. atún   **4.** queso   **6.** tomate   **8.** aceite   **10.** aceitunas

 D ▶

Ahora vemos el vídeo. ¿Qué alimentos se mencionan? Los marcamos.

**Pinchos
de tortilla**

LA COMIDA RÁPIDA, VERSIÓN ESPAÑOLA

Las tapas, los pinchos o los
bocadillos: productos mediterráneos
con pan. Cientos de recetas
tradicionales o de cocina creativa.

En España, como en muchos países, la gente
come mucho fuera de casa. Las hamburguesas, las
patatas fritas, las salchichas, los kebabs, el sushi y
las pizzas tienen muchos "fans", pero también hay
comida rápida española. La tradición de pequeños
platos o tapas existe en todo el Mediterráneo:
desde Turquía hasta España.

En España es fácil picar algo a cualquier hora: en
todas partes hay un bar (o varios) con pinchos,
montaditos, tapas o bocadillos. En general, se
trata de pan con verduras, pescado o embutidos,
y casi todo cocinado con aceite de oliva. Hay
muchos pequeños bares familiares, pero también
grandes cadenas españolas (Lizarran, Pans and
Co, Tapasbar o 100 montaditos, por ejemplo)
que ofrecen alternativas al *fast food* de estilo
americano.

Los españoles pueden comer tapas cuando tienen
prisa, pero, sobre todo, ir de tapas es un acto
social. Tradicionalmente, las tapas se comen antes
de las comidas, pero hoy en día es muy habitual
comer o cenar "de tapas".

**Pincho de
pimiento,
berenjena
y anchoa**

**Tapa de
pulpo á *feira***

**Bocadillo de
calamares**

Tapa de mejillones

Pincho de lomo con pimiento de Padrón

01
LA COMIDA RÁPIDA, VERSIÓN ESPAÑOLA

Antes de leer
La comida rápida en España

A

Antes de leer el texto, señalamos si las siguientes afirmaciones son verdaderas (**V**) o falsas (**F**) y comentamos nuestras respuestas con un compañero.

	V	F
1. Solo se sirven tapas a la hora de comer y de cenar.	☐	☐
2. Las tapas, los pinchos y los bocadillos son la comida rápida en España.	☐	☐
3. Las tapas son siempre de carne.	☐	☐
4. Se pueden comer en bares pequeños o en grandes cadenas de restaurantes.	☐	☐

Texto y significado
Comer fuera de casa

B **3-4**

Leemos ahora el texto y comprobamos nuestras hipótesis.

C

¿Cómo es la comida rápida en nuestro país? ¿Es como en España?

—*La mayoría de la gente...*
—*A mucha gente le gusta(n)...*
—*(No) hay...*
—*Mucha gente...*
—*Se puede(n) comer...*

D

¿Y nosotros? ¿Comemos comida rápida? ¿Nos gustan las tapas de la imagen?

66

— A mí no me gusta la comida rápida.
— Pues yo como muchos bocadillos.

99

Texto y significado
¿Qué piden?

E **32-34** **4** **5**

¿Qué piden los clientes en este bar español? Escribimos el número de la conversación debajo de cada imagen.

① ○ ○
○ ○ ○
 ○ ○
○ ○ ○
○  ○

Texto y lengua
¿Quién habla?

F **32-34** **5** **6-7-8**

¿Quién dice estas cosas, el camarero (**C**) o los clientes (**CL**)? Lo señalamos y comprobamos con el audio.

	C	CL
1. Yo, un bocadillo de jamón.	☐	☐
2. ¿Qué van a tomar?	☐	☐
3. ¿Y para beber?	☐	☐
4. Yo quiero una tapa de calamares.	☐	☐
5. ¿Qué va a ser?	☐	☐
6. El agua mineral, ¿con o sin gas?	☐	☐

01
AGENDA DE APRENDIZAJE

Reglas y ejemplos
Gustar

 1 **6** **9-10-11-12-13-14-15** RG / P.141

Pensamos en los gustos de las personas de nuestro entorno y escribimos ejemplos.

> (**A mí**) **me gusta** mucho el salmón.
> ¿(**A ti**) **te gusta** el salmón?
> (**A él/ella**) **le gusta** mucho el salmón.
> ¿(**A usted**) **le gusta** el salmón?
>
> (**A nosotros/nosotras**) **nos gusta** el salmón.
> ¿(**A vosotros/vosotras**) **os gusta** el salmón?
> (**A ellos/ellas**) **les gusta** mucho el salmón.
> ¿(**A ustedes**) **les gusta** el salmón?

Mis ejemplos:

A ... y a mí nos gusta

A mi novio

A mis padres

Reglas y ejemplos
Preferir

2 **16**

¿Qué preferimos? Escribimos nuestras preferencias y las de una persona importante para nosotros.

— ¿Te gusta el vino tinto?
— Prefiero el blanco.

carne o pescado

agua con gas o sin gas

comprar comida
preparada o cocinar

Palabras para actuar
Pedir algo en un bar

3

Completamos estas frases con al menos dos posibilidades en cada caso.

Para pedir

— Un cortado, por favor.

— Yo quiero un _____ y una _____
— Para mí _____

— Perdone, ¿me/nos puede traer una botella de _____ ?
un zumo de _____ ?
otra botella de _____ ?
otro zumo de _____ ?
un poco de _____ ?
una copa de _____ ?
un café con _____ ?
dos _____ ?

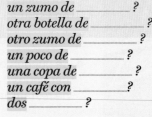

Para pagar

En un restaurante
— ¿Me/Nos puede traer la
cuenta, por favor?

En un bar
— ¿Cuánto es?

Palabras para actuar
Describir productos y platos

 4 **17-18-19**

Le explicamos a un extranjero cómo son tres platos de nuestra cultura.

— ¿Qué es el gazpacho?
— ¿Qué son los pinchos?

— Es un plato andaluz / un típico de Andalucía.
— Es un entrante / un primer plato / un segundo plato / un postre / una bebida.
— Es una sopa / una tarta / una ensalada de...
— Es un tipo de verdura / marisco...

— Es pescado / marisco / carne / verdura / pasta (con....)
— ¿Qué lleva el gazpacho?

— Lleva tomate, cebolla...

01
TALLER DE USO

En grupos
Nuestros gustos

 A

Buscamos cuatro comidas que nos gustan mucho a todos los miembros del grupo.

— A mí me gusta mucho el sushi.
— A mí también.
— Y a mí.
— Pues a mí no.
— Pues buscamos otra cosa. A ver... ¿el marisco os gusta a todos?

 B

Escribimos en un papel las cosas que nos gustan y escogemos un nombre para nuestro grupo. Luego presentamos nuestro grupo a los compañeros.

LOS CARNÍVOROS

Nos gustan las hamburguesas, la carne a la brasa, el jamón serrano y el kebab.

Entre todos
En un restaurante

 C

Escuchamos esta conversación en un restaurante ¿Qué piden los clientes?

"Sugerencias"

Super Hamburguesa
Lechuga, Tomate, cebolla y patatas Fritas 7,00 €

Especial Europa
entrecôte 200g s/m
parrillada Verduras + pan con Tomate + Bebida 9,85 €

Tapas
patatas Bravas
Croquetas de jamón ibérico
Croquetas de Brandada Bacao
Calamar Romana
Tortilla de patatas
anchoas del norte
aceitunas Rellenas
Taquitos de Queso Manchego
Plato de Jamón ibérico
Berberechos con salsita
Huevos estrellados
Y mucho más

 D

Escogemos lo que queremos nosotros de la pizarra. El profesor es el camarero. Podemos pedir aclaraciones.

—¿Qué van a tomar?
—Yo (quiero) ... y para beber...
—Para mí...
—¿Qué es esto / el chorizo?
—¿Qué son los calamares?

VIAJEROS GOURMETS

Actualmente internet ofrece una alternativa muy interesante a las tradicionales guías de viaje: los diarios de los viajeros. En ellos podemos leer, escuchar o ver las experiencias de otros turistas.

Uno de los placeres de viajar es descubrir la cocina típica. Buen ejemplo de ello es el blog de Celia, una española de viaje por América.

Home | Viajes | Fotos | Comida | Galicia | Links

Una gallega en América
Comida internacional y paraíso para carnívoros

Febrero 05 ¡Cómo me gusta la comida argentina!

La gastronomía de Argentina tiene sus orígenes, sobre todo, en la cocina europea. Cada grupo de inmigrantes (españoles, italianos, alemanes, franceses...) trajo a este país platos típicos de su cocina. Los más populares son los italianos, como la pasta (los raviolis, los ñoquis, los espaguetis, etc.) o la pizza. Pero también hay platos españoles (los porotos o alubias, o las empanadas), alemanes (muchos postres) o de origen árabe (los alfajores, el dulce nacional).

Los argentinos comen mucha carne, especialmente de vaca. Me parece que comen poco pescado y no mucha verdura. Aquí es normal comer carne dos veces al día. De promedio: ¡100 kilos por habitante al año! Para comer buena carne, os aconsejo un restaurante en Buenos Aires: www.elmosquitoparrilla.com.ar.

En Argentina también hay vinos muy buenos. Pero la bebida reina (aunque no durante las comidas) es el mate: es una infusión preparada con hojas de yerba mate, pero no es solo una bebida: es un ritual social. ¡Y es muy sano!

Antes de leer
Cocina argentina

A

¿Sabemos qué se come en Argentina? ¿Alguno de nosotros ha comido comida de ese país?

Texto y significado
Especialidades argentinas

B 20

Buscamos en los textos ideas relacionadas con estas imágenes.

Podcast de cocinas del mundo 29

Comer en Venezuela: arepas y besos

Texto y significado
Especialidades venezolanas

C 36 8 21-22

Escuchamos el podcast sobre la comida venezolana y tomamos notas.

1. ¿Qué son las arepas?

2. ¿Cómo se comen?

3. ¿Cuál es la mejor?

4. ¿Qué lleva?

5. ¿Qué son los besos?

Texto y lengua
Lo que más me gusta

D 36 23-24

¿Qué es lo que más nos gusta de la cocina de nuestro país (platos, ingredientes...)? Lo comentamos con un compañero.

—*Lo que más me gusta es...*
son...

66

Lo que más me gusta de la cocina italiana es la pasta.

99

AGENDA DE APRENDIZAJE

Mis palabras
Mis hábitos

 1 ▶ **9** 📖 **25-26**

Leemos los hábitos de Iván y escribimos los nuestros.

Yo en casa desayuno muy poco, solo un café y unas galletas.

A media mañana, tomo otro café y un cruasán.

Al mediodía como dos platos y postre.

Y no meriendo, pero ceno pronto: una ensalada, embutido o algo de verdura.

Mis ejemplos:

_____

_____

Reglas y ejemplos
Mucho, poco, bastante...

 2 📖 **27**

RG / P.137

Miramos el cuadro de cuantificadores y completamos las frases con nuestros propios ejemplos.

Con nombres	Singular (no contables)				Plural (contables)				Con verbos	como **poco** **bastante** **mucho** **demasiado**
	Masculino		Femenino		Masculino		Femenino			
	poco **mucho**	pescad**o**	**poca** **mucha**	past**a**	**pocos** **muchos**	huev**os**	**pocas** **muchas**	patat**as**		
	bastante carn**e** / pescad**o**				**bastantes** huev**os** / patat**as**					

Mis ejemplos:

Tomo demasiado/a/os/

En mi casa hay poco/a/os/as

En el frigorífico hay mucho/a/os/as

Como bastante

Para beber me gusta mucho

02
TALLER DE USO

En parejas
Comer sano

 A

¿Qué es comer sano para nosotros? Lo discutimos.

↑ **es sano**   ↓ **no es nada sano**

- ☐ comer bastantes legumbres
- ☐ cocinar con grasa animal
- ☐ utilizar aceite de oliva
- ☐ consumir algo de queso y yogur cada día
- ☐ beber mucha leche
- ☐ comer muchos huevos
- ☐ comer mucho pescado
- ☐ comer bastantes frutos secos
- ☐ comer mucha carne roja
- ☐ tomar un poco de vino tinto con las comidas
- ☐ utilizar poca sal para cocinar
- ☐ comer muchos alimentos de origen vegetal: frutas, verduras, pan, pasta, arroz, cereales...
- ☐ ....
- ☐ ....
- ☐ ....

 B

¿Y nosotros? ¿Comemos sano? Hablamos con un compañero y decidimos quién de los dos se alimenta mejor.

—Yo como muy sano: mucha verdura, mucha fruta...
—Yo no, como mucha comida rápida.

Entre todos
¿Estereotipos o costumbres?

 C

Combinando los elementos de las cajas, escribimos lo que sabemos sobre los hábitos alimentarios en diferentes países.

los alemanes	comen mucho.
los estadounidenses	beben mucho.
los italianos	
los españoles	(no) beben mucho/a/os/as...
los franceses	(no) comen mucho/a/os/as...
los mexicanos	
los ingleses	
los argentinos	
los griegos	
los japoneses	
los chinos	
los polacos	
los brasileños	

pescado	hamburguesas
vino	arroz
pasta	mate
pollo	patatas
verdura	maíz
té	cerveza
dulces	embutidos
comida rápida	coca cola
pan	pizzas
café	carne
queso	

No todos los estadounidenses comen carne. Hay muchos vegetarianos.

 D

Discutimos nuestras afirmaciones con un compañero y, luego, con los demás. ¿Estamos de acuerdo?

—Yo creo que los argentinos no comen mucha verdura.
—Pues yo creo que sí.

ARCHIVO DE LÉXICO

Palabras en compañía
Comer, beber, tomar

1  🎥 11 🔊 28

Continuamos las series.

| salir a | comer | cenar | tomar algo |

comer	bien
	poco
	mucha carne
	fuera

> **!** – **Yo como mucha verdura y bebo mucha leche.** (**comer** en sentido general)
> Pero:
> – **Hoy como con mis padres, pero esta noche ceno solo.** (**comer** al mediodía)

| beber | agua |

tomar	algo	el aperitivo	postre
	un café	un agua	un zumo
	de primero	de postre

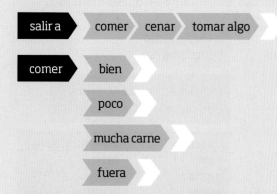

Palabras en compañía
Las comidas del día

2

Completamos el siguiente cuadro con los verbos correspondientes.

Por la mañana:	**el desayuno**	*desayunar*
A media mañana:	**el almuerzo**	
Al mediodía:	**la comida / el almuerzo**	
Por la tarde:	**la merienda**	
Por la noche:	**la cena**	

Mis palabras
Mi alimentación

3

Completamos con nuestra información.

> Mi comida preferida del día es...

> Mi plato preferido es...   ¿Qué es? ¿Qué lleva?

> Una comida especial para un día especial o una celebración

> No puedo comer...

> Mi restaurante preferido es...   Es un restaurante....

PROYECTOS

Proyecto individual
La comida rápida en mi país

En parejas, tomando como base el texto "La comida rápida, versión española", escribimos un breve texto.

—*En mi país...*
—*La mayoría de la gente...*

Intercambiamos nuestros textos con otra pareja. Si somos del mismo país, ¿estamos de acuerdo con lo que dicen? Si somos de otro país, les hacemos preguntas sobre lo que nos interesa.

Proyecto en grupo
Mi especialidad

Hacemos una foto de un plato que nos sale bien o nos gusta mucho y preparamos el vocabulario que necesitamos para describirlo. Compartimos la foto con los compañeros en clase o e un espacio virtual y ellos nos hacen preguntas.

—*¿Es un primer plato o un plato principal?*
—*¿Qué lleva?*
—*¿Es difícil de preparar?*
—*¿Es típico de tu país / región?*
—*¿Es picante?*

Proyecto en grupo
Abrimos un restaurante hispano

En grupos, vamos a abrir un restaurante hispano en nuestra ciudad. Decidimos la carta, las especialidades, los precios y los horarios.

Elaboramos una presentación y se la mostramos a nuestros compañeros.

¿A qué restaurante o restaurantes nos gustaría ir? ¿Por qué?

ENTRANTES	
Cebiche Pescado crudo con salsa de lima, cebolla y verdura	15 €
Causita limeña Papas con ají amarillo y zumo de lima y, por encima, atún con pasta de aguacate.	8 €
Serranito Choclo fresco peruano a la plancha	7 €
PLATOS PRINCIPALES	
Chaufa-mar Arroz frito con marisco en salsa de soja.	14 €
Lomo salteado Ternera con cebolla morada y tomate hecho en el wok.	14 €
Seco a la norteña Cordero con hierbas andinas	14 €
POSTRES	
Tarta de queso	5,5 €
Mousse de mango	5,5 €

RESTAURANTE PERUBAR

CIUDADES DEL NORTE, CIUDADES DEL SUR

DOCUMENTOS
DOSIER 01
Córdoba, una ciudad para pasear
DOSIER 02
Ciudades extraordinarias

LÉXICO
• La ciudad
• El tiempo
• Los meses
• Las estaciones

GRAMÁTICA
• **Estar** para indicar localización
• Números a partir del 100
• Frases de relativo con **que** y **donde**
• Superlativo relativo: **la ciudad más bonita del mundo**
• Expresar impersonalidad: **se puede/se pueden**

COMUNICACIÓN
• Describir una ciudad (cómo es, qué hay, qué se puede hacer...)
• Hablar del tiempo
• Destacar un elemento sobre todos los demás

CULTURA
• Córdoba
• Tres ciudades de Hispanoamérica
• Lugares de interés de España y América Latina

PROYECTOS
• Hacer un juego de preguntas y respuestas sobre ciudades.
• Escribir un texto sobre una ciudad.

PUNTO DE PARTIDA

Nube de palabras
Deducimos significados

A

¿Conocemos todas las palabras de la nube? Cada uno de nosotros completa la tabla.

Palabras que conozco

No sé qué significan, pero lo deduzco

No sé qué significan y no lo puedo deducir

B

Comparamos nuestra lista con la de un compañero. ¿Qué estrategias utilizamos para entender palabras nuevas? ¿Son las mismas?

—*En mi lengua se dice casi igual.*
—*Es casi como en francés.*
—*Se parece al inglés.*

C

¿Qué palabras de la imagen podemos relacionar con el lugar donde aprendemos español? ¿Por qué?

❝
—*Sur*, porque está en el sur del país. **❞**

Vídeo
San Sebastián y Córdoba

D

Vemos un vídeo sobre dos ciudades españolas, San Sebastián y Córdoba. ¿Qué relacionamos con cada una? Lo apuntamos en esta tabla.

▶ campus.difusion.com

E

¿Cuál de las dos ciudades nos parece más interesante o nos gustaría visitar? ¿Por qué?

San Sebastián	Córdoba

CÓRDOBA

Una ciudad para pasear

Dónde está

Córdoba está situada en Andalucía, en el sur de España. Está muy bien comunicada por carretera y en tren de alta velocidad. Gracias al AVE, está muy cerca de Sevilla (a 45 minutos), de Madrid (a 1 hora y 45 minutos) y de Barcelona (a menos de 5 horas).

Qué visitar

La **Mezquita de Córdoba**, que actualmente es la catedral, es el monumento más conocido.

Madinat Al-Zahra o **Medina Azahara** está a las afueras de la ciudad, a 20 minutos en autobús, y es, después de la Alhambra, el conjunto hispanomusulmán más importante de España.

Los patios cordobeses

Desde las épocas romana y musulmana, los patios son el centro de las casas tradicionales cordobesas. Son únicos en el mundo por su espectacular decoración con plantas y flores.

Fiestas y festivales

Semana Santa (en marzo o abril): procesiones por las principales calles de la ciudad.

Festival de los patios (en mayo): algunos propietarios abren sus patios para participar en un concurso que se celebra cada año durante las dos primeras semanas de mayo. Si no puedes ir en mayo, algunos patios se pueden visitar todo el año.

Festival Internacional de la Guitarra: han tocado en este festival guitarristas como Paco de Lucía, Mark Knopfler o B. B. King.

Dónde dormir

Alojarse en los hoteles del centro es más caro, pero todo está más cerca y se puede ir a pie a la mayoría de lugares interesantes. Además, en el centro histórico, alrededor de la Mezquita, hay todo tipo de tiendas, bares y restaurantes.

Clima

Córdoba tiene inviernos suaves y veranos muy calurosos y el clima, en general, es bastante seco. En julio y agosto, algunos días las temperaturas pasan de los 40° C.

01
CÓRDOBA, UNA CIUDAD PARA PASEAR

Antes de leer
¿Qué sabemos?

A 3

¿Qué sabemos o imaginamos de Córdoba?

	Creo que sí	Creo que no	No lo sé
En verano hace mucho calor.	☐	☐	☐
En invierno hace mucho frío.	☐	☐	☐
Hay monumentos árabes.	☐	☐	☐
Es una ciudad muy antigua.	☐	☐	☐
Tiene aeropuerto.	☐	☐	☐
Está en el norte de España.	☐	☐	☐

Texto y significado
Descubrir Córdoba

B

Ahora leemos el texto y comprobamos nuestras hipótesis. Señalamos dónde encontramos las respuestas.

Texto y significado
Recomendaciones

C 37 4

María nos habla de Córdoba. ¿Que se puede hacer en la ciudad? Tomamos notas y, entre todos, hacemos una lista con sus recomendaciones.

¿Sabías que...?

. La Mezquita, el centro histórico que la rodea y la Fiesta de los patios son Patrimonio de la Humanidad.

. En la actualidad, Córdoba tiene más de 300 000 habitantes. En el siglo x, tenía medio millón y era la ciudad más grande del mundo.

. En Córdoba hace sol 143 días al año.

. El rabo de toro y el salmorejo son dos de los platos más conocidos de la gastronomía cordobesa.

Texto y lengua
Expresiones útiles

D 37 1-2

Escuchamos de nuevo la audición y, en parejas, intentamos reconstruir los siguientes fragmentos.

• Pues... mira, resulta que la semana que viene voy a (1) _pasar un día en_ Córdoba, pero solo voy a estar un día. ¿(2)_____?

• Uy, en Córdoba en un día, (3)_____

• Sí, por ejemplo, por la mañana temprano puedes ir a la Mezquita porque es nuestro monumento (4)_____ .

• Puedes pasear por la Mezquita, que es muy bonita, (5)_____ tan temprano.

• Alrededor (6)_____ , con flores, porque Córdoba tiene muchos patios.

• Y, después de comer, si tengo un rato, ¿(7)_____?

• (8)_____ ir al Alcázar de los Reyes Católicos.

Con lápiz o con ratón
Investigamos

E

Buscamos esta información sobre Córdoba. Pensamos antes qué palabras clave tenemos que escribir en el navegador.

1. ¿Se puede estudiar Medicina en Córdoba?

2. En Córdoba existe un museo dedicado a un famoso pintor de la ciudad. ¿Cuál?

3. Si visitas Córdoba, ¿qué cosas típicas puedes comprar?

4. Otra información interesante para mí.

AGENDA DE APRENDIZAJE

Palabras para actuar
Describir una ciudad

1 🎥 **5** 📖 **3-4-5-6**

¿Qué podemos decir de nuestra ciudad? Escribimos frases.

¿Cómo es?
Es una ciudad preciosa.
        increíble.
        (muy) bonita.
        (bastante) grande.
        (un poco) cara.
Está bien comunicada.
        muy bien conservada.
        bastante limpia.
Está bien para salir / estudiar español.
Es ideal para

¿Qué hay en la ciudad?
Tiene universidad / aeropuerto...
Hay un casco antiguo enorme.
        muchos hoteles.
        bastantes parques.
        dos equipos de fútbol.
        varias escuelas de español.

¿Cuántos habitantes tiene?
Tiene 670 000.
        casi 700 000.
        más de medio millón.
        menos de un millón.

Mis ejemplos:

Mi ciudad es
Mi ciudad está
En mi ciudad hay
Mi ciudad tiene
Es ideal para

En español y en otras lenguas
Estar para situar

2 📖 **7**   RG / P.141

Para expresar localización de objetos o lugares usamos el verbo **estar** (y no el verbo **ser**). ¿A qué corresponde en tu lengua o en otras lenguas que conoces?

La ciudad está en Andalucía.
        al norte / sur / este / oeste de Jalisco.
        en el norte / sur / este / oeste de México.
        cerca / lejos de Oaxaca.
        entre Guadalajara y Puebla.
        a 100 kilómetros de Monterrey.
        a dos horas y media de Madrid en tren.

is located   **se trouve**   **si trova**   **liegt**   **fica**
inglés   francés   italiano   alemán   portugués

Mis ejemplos:

> **!** En Sevilla **hay** una catedral preciosa. La catedral **está** en el centro, cerca del Ayuntamiento.

Reglas y ejemplos
Se puede, se pueden

3 📖 **8**   RG / P.141

¿Qué se puede hacer en nuestra ciudad?

	infinitivo
Se puede	visitar a pie.
	ir en coche / en avión / en tren / en autobús.
	comprar aceite bueno.
Se pueden	ver muchos espectáculos.

Ejemplos de mi ciudad:

01
TALLER DE USO

En grupos
Nuestras ciudades

 A

¿Y entre las ciudades que conocemos? ¿Cuáles son las mejores para hacer estas cosas? Hablamos con dos compañeros.

- **hacer deporte**
- **ver naturaleza**
- **ver museos**
- **descansar**

- **estudiar**
- **pasear**
- **salir de noche**
- **vivir tranquilo**

- **trabajar**
- **comer bien**
- **ir de compras**
- **ir a conciertos**

—*Yo creo que... es un ciudad ideal para... porque se puede...*
  porque hay... mucho/a/os/as...bastante/s...
  es...
  tiene...
  está...

> CIUDADES IDEALES
>
> Budapest es ideal para...
> porque...

Entre todos
Jugamos a adivinar ciudades

B 9-10

Uno piensa en una ciudad que conoce o que le gusta. Los demás compañeros le hacen preguntas para adivinar qué ciudad es. Él solo puedeo contestar **sí** o **no**. El que adivina piensa en otra ciudad.

—¿Está en Asia?
—No.
—¿Está en Europa?
—Sí.

C

También podemos jugar en nuestro espacio virtual. Compartimos una foto de un lugar que conocemos y los demás nos hacen preguntas para adivinar qué lugar es. Solo podemos responder sí o no.

En los países de habla hispana hay algunas ciudades extraordinarias, únicas en el mundo por diversas razones: su situación geográfica, su clima o su tamaño.

CIUDADES
EXTRAORDINARIAS

La segunda metrópoli de Norteamérica

Ciudad de México, antes México D.F., es la capital de los Estados Unidos Mexicanos y una de las ciudades más ricas del mundo. Está situada en el centro del país, a más de 2200 metros sobre el nivel del mar. Fue fundada el año 1325 por los mexicas, con el nombre de Tenochtitlán, y posteriormente fue conquistada y "refundada" por los españoles en 1521. Se trata de una ciudad enorme, llena de museos y con una historia riquísima. Es la mayor ciudad de habla hispana del mundo y un centro cultural, educativo y económico de enorme importancia.

Ushuaia: la ciudad del fin del mundo

Ushuaia es la ciudad que está más al Sur del planeta. Se encuentra en la Isla Grande de Tierra del Fuego y su nombre, en lengua yámana, significa

"bahía que mira al Oeste". Su clima es frío, con una temperatura media anual de 5,7° . Las mejores estaciones para visitar Ushuaia y sus alrededores son la primavera y el verano. De septiembre a marzo se pueden realizar muchas actividades deportivas y turísticas, como paseos a pie, a caballo o en bicicleta, o excursiones para observar aves. Además, en el Parque Nacional Tierra del Fuego, a 11 km al oeste de la ciudad, se puede practicar la pesca deportiva. También se pueden hacer interesantes excursiones en barco: por el Canal de Beagle, a la Isla de los Pájaros, a la Isla de los Lobos o al faro Les Éclaireurs.

Potosí: una ciudad en el techo del mundo

Potosí es la segunda ciudad más alta del mundo: está a 4000 metros sobre el nivel del mar en la Cordillera de los Andes. En la historia de esta ciudad boliviana son muy importantes las minas de plata. Por eso en español la palabra *potosí* es sinónimo de "riqueza extraordinaria".

02 CIUDADES EXTRAORDINARIAS

Antes de leer
Ushuaia, Potosí, Ciudad de México

Leemos esta información. ¿Sabemos a cuál de las tres ciudades corresponde? Lo marcamos en la tabla y lo discutimos con un compañero.

	Ushuaia	Potosí	Ciudad de México	No lo sé
1. Es la ciudad que está más al sur del planeta.	☐	☐	☐	☐
2. La temperatura media no supera los 6 grados.	☐	☐	☐	☐
3. El Parque Nacional Tierra de Fuego está a 11 km.	☐	☐	☐	☐
4. Es la segunda ciudad más alta del mundo.	☐	☐	☐	☐
5. En su historia son muy importantes las minas de plata.	☐	☐	☐	☐
6. Tiene muchos monumentos de la época colonial.	☐	☐	☐	☐
7. Fue fundada en el siglo XIV con el nombre de Tenochtitlán.	☐	☐	☐	☐
8. Es una de las ocho ciudades más ricas del mundo.	☐	☐	☐	☐
9. Es la mayor ciudad de habla hispana del mundo.	☐	☐	☐	☐

Texto y significado
La mejor ciudad para...

Leemos los textos y comprobamos si nuestras respuestas a la actividad **A** son correctas.

En grupos de tres, volvemos a leer los textos y decidimos cuál de las tres ciudades nos parece mejor para hacer las siguientes cosas.

- **hacer deporte**
- **ver naturaleza**
- **visitar museos**
- **descansar**
- **estudiar**
- **pasar unas semanas**
- **vivir tranquilo**
- **trabajar**

— A mí, para hacer deporte, Ushuaia me parece muy interesante, porque se pueden hacer muchas excursiones. 99

Texto y significado
La ciudad de Emma

Emma nos habla de su ciudad. Tomamos notas y contestamos estas preguntas.

1. ¿Cuál es?
2. ¿Qué cosas le gustan más?
3. ¿Cuáles menos?

Texto y lengua
Parafraseamos

Leemos la transcripción de la conversación con Emma. ¿Cómo expresa estas ideas?

- En México D.F. vive mucha gente.
- Tardas mucho en llegar de un lugar a otro.
- Siempre vas con prisa.
- En las horas punta el metro va muy lleno.

AGENDA DE APRENDIZAJE

Palabras para actuar
Tiempo y clima

 16-17-18

¿Qué tiempo hace en nuestra región? Lo escribimos utilizando estos recursos.

—*En Mérida hace bastante / mucho calor.*
frío.

—*En Mérida llueve bastante / mucho.*
no llueve mucho.
nieva bastante / mucho.
no nieva mucho / casi nunca / nunca.

—*En marzo, normalmente, hace buen tiempo / mal tiempo.*

Mis ejemplos:

En mi región, en verano

Reglas y ejemplos
Los números a partir de 100

 **9** **19**

RG / P.131

Completamos estos números.

100 cien	**600**	**1451** mil cuatrocientos/as cincuenta y uno/a	**18649** dieciocho mil seiscientos/as cuarenta y nueve
101 ciento un(o/a)	**700** setecientos/as		
102	**800** ochocientos/as	**2000** dos mil	**175209**
200 doscientos/as	**900** novecientos/as	**10000**	**1000000** un millón
284 doscientos/as ochenta y cuatro	**1000** mil		
300 trescientos/as			
400			
500 quinientos/as			

Cien + ø/mil/millones	**Ciento** + decenas/ unidades
100 **cien**	
1100 mil **cien**	110 **ciento** diez
100 000 **cien** mil	1102 mil **ciento** dos
100 000 000 **cien** millones	153 000 **ciento** cincuenta y tres mil

En español y en otras lenguas
Oraciones relativas: que, donde

 10 **20**

RG / P.141

Nos fijamos en el uso de los pronombres **que** y **donde**. ¿Es igual en nuestra lengua?

—*Sevilla es una ciudad que me gusta mucho.*
—*Eva y Luis son unos amigos que conocí en Lima.*
—*Sevilla es una ciudad donde se vive bien.*

Reglas y ejemplos
Superlativos

 **11** **21-22-23**

RG / P.136

Miramos los ejemplos y escribimos sobre nuestro país.

—*la ciudad más grande de mi país*
—*el puente más largo del mundo*

—*los dos parques más conocidos de la ciudad*
—*las iglesias más bonitas de la región*

—*una de las calles más animadas de Sevilla*

> **!** el más bueno = **el mejor**
> la más buena = **la mejor**
> el más grande = **el mayor**
> la más grande = **la mayor**
>
> los mejores   **los mayores**
> las mejores   **las mayores**

1. La ciudad más interesante de mi país.

2. El río más largo de mi país.

3. Los dos monumentos más conocidos de mi país.

4. El barrio más bonito de mi ciudad.

02
TALLER DE USO

En parejas
Adivinamos números

 A

Individualmente, pensamos en cuatro números de cuatro cifras. Los escribimos en una hoja, pero no completos. Nuestro compañero tiene que decir números hasta que llegue al número exacto.

—Mil cinco.
—Más alto.
—Mil quinientos cinco.
—No, más bajo.

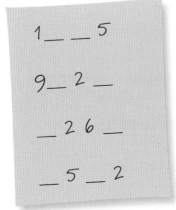

1__ __5

9__ 2 __

__ 2 6 __

__ 5 __ 2

En grupos
Concurso de récords

 B

Hacemos un concurso de récords. Formamos equipos e intentamos completar esta ficha. Podemos usar internet o no.

1. El lugar donde menos llueve del mundo.
El desierto de Atacama, en Chile.

2. La ciudad más turística de España.

3. La ciudad con más hispanoablantes de Estados Unidos.

4. La capital más alta del planeta.

5. La catarata más alta del mundo.

6. El volcán más alto de la Tierra.

7. El océano más grande del planeta.

8. La ciudad más al sur.

9. El río más largo de América.

10. La ciudad latinoamericana más visitada por turistas.

11. El país con mayor número de especies de aves.

12. La ciudad más cara de América Latina.

 C

Discutimos nuestras respuestas con otro grupo.

 D 🔊 **39** 📺 **12**

Escuchamos este concurso de la radio. ¿Coinciden las respuestas con las nuestras?

ARCHIVO
DE LÉXICO

Mis palabras
El lugar donde vivo

 1 25-26-27-28-29

Rellenamos las fichas y las comentamos con los compañeros.

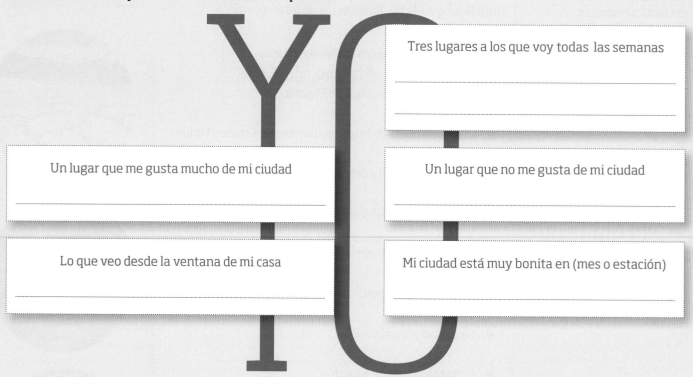

Tres lugares a los que voy todas las semanas

Un lugar que me gusta mucho de mi ciudad

Un lugar que no me gusta de mi ciudad

Lo que veo desde la ventana de mi casa

Mi ciudad está muy bonita en (mes o estación)

Mis palabras
Las estaciones y yo

 2

Hablamos de las estaciones: qué meses son, qué hacemos, qué tiempo hace...

primavera	verano
otoño	invierno

—*El verano empieza en junio y termina en septiembre.*
—*En verano voy a la playa.*

Mis palabras
La agenda de mi ciudad

 3 24

¿Qué actividades interesantes hay (festivales, campeonatos, etc.) y qué fiestas se celebran en nuestra ciudad en estos meses?

En enero	En mayo	En septiembre
En febrero	En junio	En octubre
En marzo	En julio	En noviembre
En abril	En agosto	En diciembre

PROYECTOS

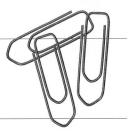

Proyecto en grupo
Un juego de preguntas y respuestas sobre las ciudades

Dividimos la clase en dos equipos. Cada equipo prepara diez preguntas sobre ciudades. Para cada pregunta preparamos dos tarjetas: una con las preguntas y tres posibles respuestas y otra igual pero con la respuesta correcta marcada.

¿Cuántos habitantes tiene La Habana?

a) Casi 2 000 000.
b) Más de 2 000 000.
c) Menos de 1 000 000.

¿Cuántos habitantes tiene La Habana?

a) Casi 2 000 000.
b) Más de 2 000 000.
c) Menos de 1 000 000.

Por turnos, cada equipo hace una pregunta al equipo contrario. Cada respuesta correcta vale un punto. Gana el equipo que consigue más puntos.

Proyecto individual
Nuestra ciudad

Escribimos un mensaje de correo electrónico a un amigo que quiere visitar nuestra ciudad u otra que conocemos bien. Lo animamos a hacerlo y le damos la información necesaria.

Para:

Asunto:

¡Hola! ¿Cómo estás?

Un abrazo y ¡hasta pronto!

Entregamos nuestros textos al profesor, que los redistribuye. Leemos el texto de nuestro compañero y le contestamos pidiendo más información.

SALUD, DINERO
Y AMOR

UNIDAD 8

DOCUMENTOS
DOSIER 01
¿Vives o te estresas?
DOSIER 02
Guapos por dentro, guapos por fuera

LÉXICO
• Adjetivos para describir el aspecto y el carácter
• Cualidades de una persona
• Uso de los verbos **ser**, **tener**, **estar**, **llevar** para describir
• Los colores
• Partes del cuerpo

GRAMÁTICA
• **Más/menos**.... **que**...
• **Más/menos**... **de...**
• **Tener que** + infinitivo
• Concordancia de los colores

COMUNICACIÓN
• Hablar de hábitos relacionados con el estrés
• Describir personas
• Aconsejar
• Expresar opinión: **me parece, para mí es importante**...
• Comparar

CULTURA
• Personajes famosos del mundo hispano

PROYECTOS
• Evaluar los hábitos de una persona y dar consejos para mejorar su calidad de vida.

PUNTO DE PARTIDA

Nube de palabras
Salud, dinero y amor

 A

Buscamos en la nube palabras que relacionamos con la salud, con el dinero y con el amor.

Salud	Dinero	Amor

 B

Comentamos nuestras respuestas con las de un compañero. ¿Tenemos las mismas palabras?

—*El estrés está relacionado con la salud.*
—*Si tienes*…, …

— El estrés está relacionado con la salud.
— Sí, pero también con el dinero.

Vídeo
¿Salud, dinero o amor?

 C

¿Qué opinan estas personas? Ponemos una cruz al lado de cada nombre si estamos de acuerdo con lo que dicen.

Clara ☐
Emilio ☐
Eva ☐
Agnès ☐
Pablo ☐
Nuria ☐
Eduardo ☐
Luis ☐
Sergio ☐
Eli ☐

▶ campus.difusion.com

 D

Volvemos a ver el vídeo y tomamos notas sobre las personas que hemos marcado. Luego hablamos con el resto de la clase.

¿VIVES O TE ESTRESAS?

Sin duda, el estrés es uno de los principales problemas del siglo XXI. En España, por ejemplo, el 84 % de las personas se siente estresado en algún momento de su vida y en Argentina, el 56 % de los trabajadores sufre estrés habitualmente. Según los especialistas, el trabajo es una de las causas más frecuentes del estrés. Los factores que más influyen son trabajar con prisas, tener mucha responsabilidad, trabajar muchas horas y ganar poco dinero. Por eso, hay profesiones más estresantes que otras, por ejemplo, los ejecutivos, los periodistas, los profesores o los pilotos suelen tener más estrés que los artesanos, bibliotecarios o los peluqueros.

Las malas relaciones personales también pueden causar estrés y, a su vez, el estrés puede afectar a nuestras relaciones personales. Una buena relación nos da amor y seguridad, pero una mala relación provoca dolor y estrés. Los síntomas del estrés son cansancio, insomnio y mal humor. El tabaco, el alcohol o la automedicación no ayudan: al contrario, crean más estrés.

CÓMO LUCHAR CONTRA EL ESTRÉS

¿Quieres llevar una vida sana? Aquí te damos algunos consejos para luchar contra el estrés.

1. Hacer deporte o algún ejercicio físico.
2. Hacer yoga, taichi, meditación o practicar otra forma de relajación.
3. Comer sano.
4. Dormir siete u ocho horas y, si puedes, una siesta de 20 minutos.
5. Conciliar la vida laboral con la vida personal.
6. Saber decir no.
7. Pasar tiempo con los amigos y la familia.
8. Dedicar tiempo a las cosas que te gustan.
9. Expresar los sentimientos y compartirlos.
10. No tomar medicamentos sin ir antes al médico.

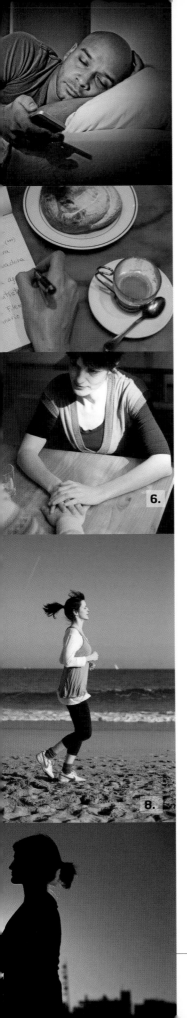

01
¿VIVES O TE ESTRESAS?

Antes de leer
Las causas del estrés

 A

Miramos las fotografías. ¿Qué nos sugieren? Hacemos dos listas en la pizarra.

> Situaciones o actividades que provocan estrés

> Situaciones o actividades que son buenas contra el estrés

6.

Texto y significado
La vida actual y el estrés

 B 1-2

Leemos el texto, comprobamos si aparecen palabras o ideas que hemos anotado en **A** y ampliamos nuestras listas.

 C 3-4

¿Seguimos nosotros los consejos del texto? Puntuamos nuestros hábitos del 1 (no lo hago nunca) al 5 (lo hago a menudo) y comparamos nuestros resultados con los de un compañero. ¿Quién tiene menos riesgo de estar estresado?

	Mi nota
1. Hago deporte.	2
2. Hago yoga, taichi...	
3. Como sano.	
4. Duermo siete u ocho horas.	
5. Dedico al trabajo el tiempo adecuado.	
6. Sé decir no.	
7. Paso tiempo con los amigos y la familia.	
8. Dedico tiempo a lo que me gusta.	
9. Expreso mis sentimientos.	
10. Tomo solo los medicamentos que me receta el médico.	

66
Yo no hago deporte casi nunca: un 2. ¿Y tú? 99

Texto y lengua
Combinaciones de palabras

 D

¿Recordamos cómo se combinan estas palabras en el texto? En parejas, lo intentamos sin mirar y luego comprobamos.

1. llevar
2. combatir
3. expresar
4. hacer
5. comer
6. tomar
7. ir

a. al médico
b. el estrés
c. medicamentos
d. una vida sana
e. deporte
f. sano
g. los sentimientos

Texto y significado
¿Está usted estresado?

 E 40-42 4

Escuchamos a tres personas. Marcamos quiénes tienen estrés y explicamos por qué.

	Sí	No
1.	☐	☐
2.	☐	☐
3.	☐	☐

AGENDA DE APRENDIZAJE

Reglas y ejemplos
Comparar: más qué, menos que

1 📹 **5** ✏ **5-6**   RG / P.136

Observamos la formación de los comparativos.

Adjetivos				
El pescado es	**más**	sano	**que**	la carne roja.
Algunos trabajos son	**menos**	estresantes		otros.

Sustantivos				
Los hombres sufren	**más**	estrés	**que**	las mujeres.
	menos			

¿Quién creemos que tiene más estrés? ¿Por qué?

1. ¿La gente que vive en la ciudad o la gente que vive en el campo?

Yo creo que la gente que vive en la ciudad tiene más estrés que la que vive en el campo porque

2. ¿La gente joven o la gente mayor?

3. ¿Las personas con hijos o las personas sin hijos?

4. ¿Las personas que trabajan en una oficina o los obreros?

Reglas y ejemplos
Más de, menos de

2

Observamos el uso de los **más de**, **menos de** y escribimos ejemplos.

— *Trabajo más de 35 horas a la semana.*
— *Como menos de 1200 calorías al día.*

Mis ejemplos:

Reglas y ejemplos
Tener que + infinitivo

3 ✏ **7-8**   RG / P.141

¿Hay cosas que queremos cambiar en nuestra vida para vivir mejor? Las escribimos.

tener	que	+ infinitivo
tengo **tienes** **tiene**	**que**	trabajar menos dormir más
tenemos **tenéis** **tienen**		hacer más deporte

Mis ejemplos:

01
TALLER DE USO

En parejas
¿Qué tiene que cambiar Ernesto?

 📖 9·10

Ernesto está muy estresado. Miramos cómo es su rutina y comentamos con un compañero qué cosas tiene que cambiar.

Duerme seis horas.
No desayuna.
Va a pie al trabajo.

Trabaja doce horas al día.
Come en cinco minutos.
Bebe una botella de vino al día.
No come fruta.

Ve la televisión dos horas al día.

Cena temprano.
No hace deporte.
Toma pastillas para dormir.
Lee dos horas al día.

En grupos y entre todos
Cosas que nos hacen felices

 🎥 6

Creamos un póster con las cosas que nos hacen sentir bien y con las que nos estresan.

- **en el trabajo**
- **en casa**
- **en clase**
- **entre semana**
- **los fines de semana**
  ...

> COSAS QUE ME HACEN SENTIR BIEN:
> - tomar un café, un cruasán y leer el periódico el domingo por la mañana
> - pasear junto al mar
>
> COSAS QUE ME ESTRESAN:
> - conducir en la ciudad
> - mi jefe

Exponemos nuestros pósters. ¿Podemos encontrar las tres cosas que hacen felices a más personas en la clase?

Jennifer Lopez
Cantante

Miguel Ángel Solá
Actor

Eva Longoria
Actríz

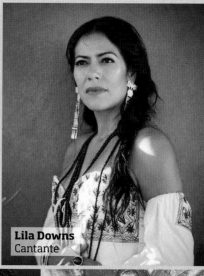

Lila Downs
Cantante

Jesús Vázquez
Presentador de televisión

Concha Buika
Cantante

Ángela Molina
Actriz

Araceli Segarra
Deportista

GUAPOS POR DENTRO, GUAPOS POR FUERA

¿Qué nos gusta de una persona? ¿Sus ojos, su pelo, su cuerpo? ¿O es más importante su forma de pensar, su actitud ante la vida, su sentido del humor? ¿Por qué algunas personas nos parecen atractivas o interesantes? ¿Por su aspecto físico o por el carácter?

El psicólogo madrileño Ignacio Carmona opina: "No somos responsables de la cara que tenemos, pero sí de la cara que ponemos. Si cuidamos nuestra salud, nuestras emociones y nuestra imagen, los demás nos van a ver guapos por dentro y por fuera."

Miguel Ángel Silvestre
Actor

Benicio del Toro
Actor

TEST
¿En qué nos fijamos más?

Aspecto físico

	+++	++	+	∅
los ojos	☐	☐	☐	☐
la cara	☐	☐	☐	☐
la boca	☐	☐	☐	☐
la nariz	☐	☐	☐	☐
los dientes	☐	☐	☐	☐
el pelo	☐	☐	☐	☐
las manos	☐	☐	☐	☐
el cuerpo	☐	☐	☐	☐
la piel	☐	☐	☐	☐
otros:	☐	☐	☐	☐

Personalidad

	+++	++	+	∅
la inteligencia	☐	☐	☐	☐
la sensibilidad	☐	☐	☐	☐
el sentido del humor	☐	☐	☐	☐
las ideas / la forma de pensar	☐	☐	☐	☐

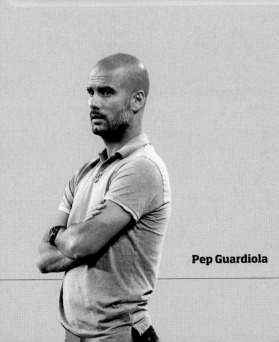

Pep Guardiola

02
GUAPOS POR DENTRO

Antes de leer
Guapo, feo o atractivo

Miramos las imágenes. ¿Quiénes nos parecen guapos o atractivos? ¿Por qué?

—*Jennifer Lopez es muy guapa.*
—*A mí me gusta Eva Longoria. Tiene unos ojos muy bonitos.*
—*Miguel Ángel Solá me parece muy atractivo.*

Texto y significado
¿Qué es ser guapo?

¿Qué quiere decir la frase "Guapos por dentro, guapos por fuera"? Lo comentamos.

Leemos el primer párrafo del texto. Respondemos a las preguntas y damos ejemplos de personas que conocemos.

Leemos el segundo párrafo. ¿Estamos de acuerdo con la opinión del psicólogo?

Texto y significado
¿De quién hablan?

Algunas personas hablan de los personajes de las fotos. ¿De quién hablan?

	Hablan de...	Dicen que...
1.		
2.		
3.		
4.		

Texto y significado
¿En qué nos fijamos?

¿Qué es una persona atractiva para nosotros? ¿En qué nos fijamos? Lo indicamos en el test y lo comentamos con un compañero.

—*Para mí es importante...*
—*Yo me fijo en...*

Buscamos a otros famosos que nos parecen atractivos y los describimos o valoramos con los recursos de la actividad anterior. ¿Estamos de acuerdo?

66
— A mí me parece muy atractivo Joaquín Phoenix. Tiene una cara muy especial, es interesante. 99

Palabras para actuar
Los colores y su simbología

1  📹 8   📖 15-16-17-18

¿Cuál es tu color preferido?

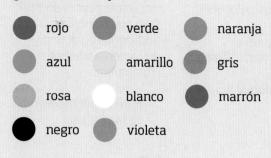

- rojo
- verde
- naranja
- azul
- amarillo
- gris
- rosa
- blanco
- marrón
- negro
- violeta

—*Mi color preferido es el rojo.*

2

¿Con qué asociamos los colores? Los relacionamos con estas palabras y luego lo comentamos con los compañeros.

- **fuerza**
- **pasión**
- **estabilidad**
- **naturalidad**
- **honestidad**
- **frialdad**
- **energía**
- **optimismo**
- **romanticismo**

- **sensibilidad**
- **alegría**
- **vitalidad**
- **seriedad**
- **tristeza**
- **pureza**
- **inocencia**
- **elegancia**
- **misterio**

—*Para mí, el negro es el misterio y la elegancia.*
—*Pues en mi cultura, no. Para nosotros...*

> **!** Cuando usamos los colores como adjetivos, siempre van detrás del sustantivo y siguen las reglas de concordancia de estos (género y número).
>
> **El** pelo **negro**　　**El** pelo **gris**
> **La** barba **negra**　　**La** barba **gris**
> **Los** ojos **negros**　　**Los** ojos **grises**
> **Las** gafas **negras**　　**Las** gafas **grises**

Palabras en compañía
Describir personas

3  📹 9-10   📖 19-20

Continuamos las series. Luego describimos a un conocido o a un compañero de clase.

tener ▸ los ojos ▸ azules ▸ negros ▸
　　　　 una cara ▸ especial ▸ expresiva ▸
　　　　 el pelo ▸ negro ▸ castaño ▸
　　　　　　　　 liso ▸
　　　　 buen/mal carácter ▸ sentido del humor ▸

llevar ▸ barba ▸ bigote ▸
　　　　 el pelo corto ▸

> **!** Los diminutivos como **feíto/a**, **bajito/a**, **gordito/a** se usan para suavizar apreciaciones consideradas negativas.

ser ▸ delgado/a ▸ gordito/a ▸
　　 alto/a ▸ bajito/a ▸ ni alto/a ni bajo/a ▸
　　 rubio/a ▸ moreno/a ▸
　　 guapo/a ▸
　　 bastante/muy ▸ simpático ▸
　　 un poco ▸ egoísta ▸ pesimista ▸

> **!** Cuando describimos cómo es una persona psicológicamente, es muy frecuente usar gradativos como **muy** o **bastante** o **un poco**.

Cuando hablamos de cualidades temporales o del resultado de un cambio, utilizamos el verbo **estar**.

estar ▸ delgado/a ▸ gordo/a ▸
　　　 feo/a ▸ guapo/a ▸
　　　 moreno/a ▸ blanco/a ▸

—*Hoy Mónica está muy guapa.*
—*Yo en verano estoy muy moreno.*

02
TALLER DE USO

En parejas
El retrato de nuestro mejor amigo

Nuestro compañero va a dibujar el retrato de nuestro mejor amigo. Tenemos que describirlo detalladamente (¡no importa si no somos buenos dibujantes!). No podemos ver el dibujo hasta el final.

— Tiene el pelo corto.
— ¿Liso?
— No, rizado. Y es rubio.

B

Enseñamos nuestros retratos y los compañeros nos ayudan a mejorarlos.

— Tiene el pelo más corto.
— ¿Así?
— Sí, así mejor.

Entre todos
Describimos a personas de nuestro entorno

Pensamos en tres personas de nuestro entorno y rellenamos una ficha como esta para cada una.

Nombre

Mi relación con él/ella

Su cara

Su cuerpo

Su personalidad

Sus cualidades

Sus defectos

Algo curioso

D

Por turnos, hablamos de nuestras personas. Los compañeros nos van a hacer preguntas y a tomar notas. Al final, decidimos a quién nos gustaría conocer.

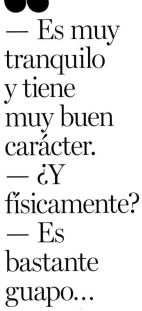

— Es muy tranquilo y tiene muy buen carácter.
— ¿Y físicamente?
— Es bastante guapo…

ARCHIVO DE LÉXICO

Palabras en compañía
Cualidades

1 24-25

¿Cómo es el adjetivo correspondiente?

inteligencia	*inteligente*
alegría	
simpatía	
	sensible
vitalidad	
fuerza	
seriedad	
honestidad	
	optimista
elegancia	
naturalidad	
	romántico

2

Pensamos en las cualidades ideales de estas personas. Usamos las palabras anteriores u otras.

tiene que ser...

Mi pareja ideal

Un buen compañero de trabajo

Un buen amigo

Un buen profesor

Mis palabras
Hábitos y estrés

3

Pensamos en consejos para evitar el estrés y completamos las siguientes listas con el vocabulario de la unidad.

Comer...

No comer...

Dormir...

Tomar...

No tomar...

Tener...

No tener...

Dedicar tiempo a...

Trabajar...

Hacer...

PROYECTOS

Proyecto en grupo
Ana, un día cualquiera

 A

Este es un día en la vida de Ana. ¿Qué sabemos de ella?
¿Cómo es su vida?

B

Somos los asesores de Ana.
Escribimos un informe sobre su
vida y damos consejos sobre qué
tiene que cambiar.

Tiene que dormir más...

¿A PIE O EN BICI?

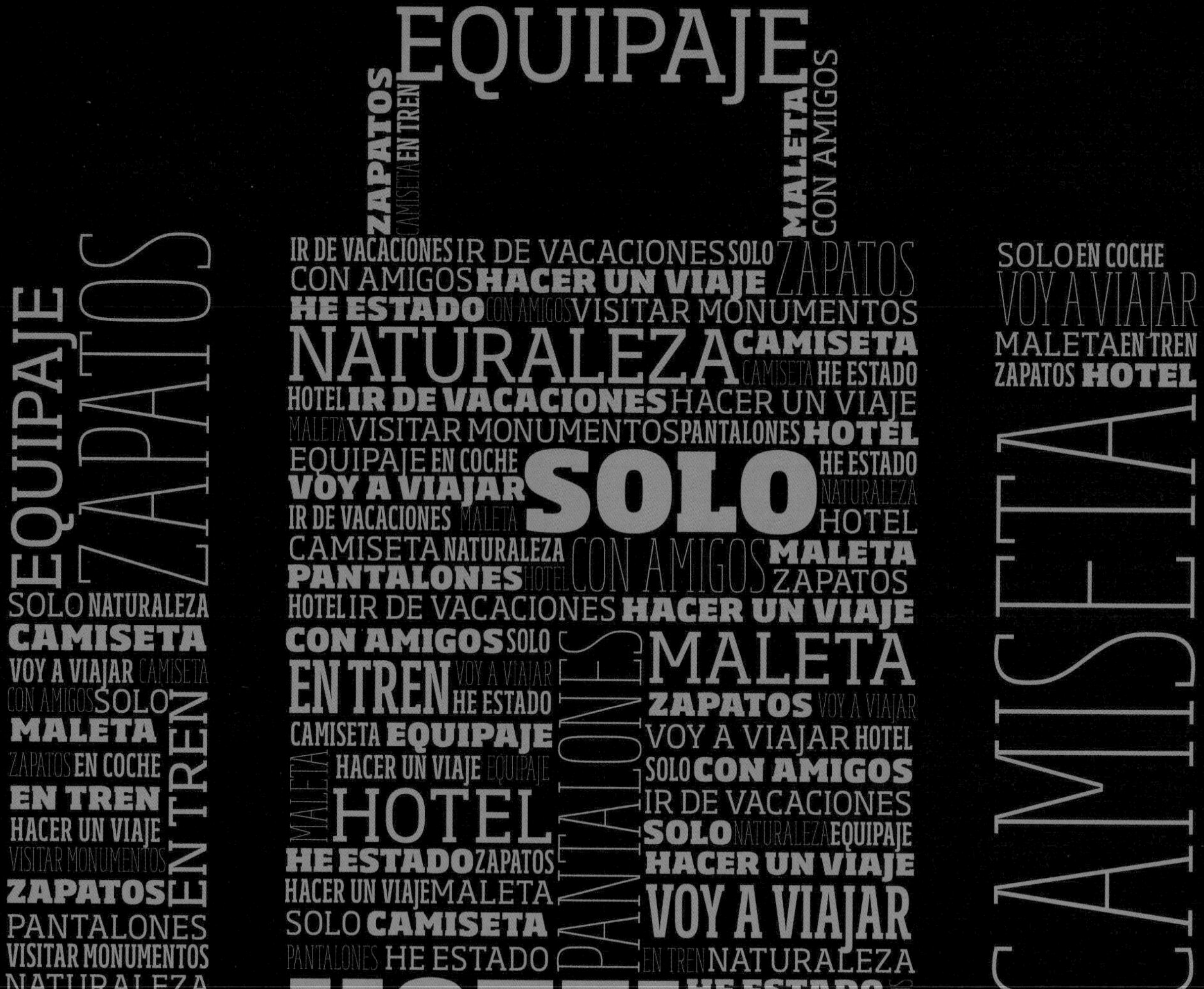

DOCUMENTOS
DOSIER 01
Kilómetros de emociones: El camino de Santiago
DOSIER 02
Del Caribe al Pacífico

LÉXICO
- Los viajes (transporte, alojamiento, equipaje...)
- La ropa
- **Lo normal/frecuente es** + infinitivo
- **Es difícil/duro...**
- El conector **pero**
- Desplazamientos: **ir de...a..**, **pasar por**, **viajar por**

GRAMÁTICA
- Usos del verbo **poder**
- Impersonalidad
- **Si** + presente de indicativo
- El pretérito perfecto
- Participios regulares e irregulares
- **Ir a** + infinitivo
- El presente con valor de futuro
- Las preposiciones **en**, **a**, **de**, **por**

COMUNICACIÓN
- Expresar condiciones y recomendaciones
- Hablar de planes y proyectos
- Hablar de experiencias pasadas
- Valorar un viaje

CULTURA
- El camino de Santiago
- Costa Rica

PROYECTOS
- Presentar un lugar especial.
- Escoger una oferta de viaje y explicar las razones para su elección.

PUNTO DE PARTIDA

Nube de palabras
El tema de la unidad

A

En parejas, comentamos con qué palabras de la nube asociamos estos iconos y por qué.

B

Ahora, por turnos, nos hacemos preguntas sobre nuestras costumbres o preferencias cuando viajamos.

> — ¿Te gusta viajar en avión?
> — No mucho. Prefiero el tren.

Vídeo
El Camino de Santiago

C

¿Sabemos qué es el Camino de Santiago? Hablamos con los compañeros.

D

Vemos el vídeo sin sonido y contestamos estas preguntas.

1. ¿Cómo hacen los peregrinos el Camino?
2. ¿Van solos o en grupo?
3. ¿Qué tiempo hace?
4. ¿Es un viaje difícil?
5. ¿Cómo se sienten durante el viaje?
6. ¿Qué hacen cuando llegan a su destino?

campus.difusion.com

La **credencial** es el carné del peregrino. Con este documento puedes dormir en los albergues y conseguir la Compostela.

La **Compostela** es el documento que te entregan al llegar a Santiago de Compostela y que acredita que has hecho el Camino.

KILÓMETROS Y EMOCIONES: EL CAMINO DE SANTIAGO

Desde el siglo IX, miles de peregrinos viajan hacia Santiago de Compostela, donde, supuestamente, se encuentra la tumba del apóstol Santiago. Algunos hacen el Camino por motivos religiosos, otros para hacer turismo o deporte, para meditar o para conocer gente. Viajan a pie, en bicicleta o a caballo, solos o en grupo. Pero, en todos los casos, viven una aventura personal inolvidable, rodeados de naturaleza y de paisajes variadísimos, pasando por pueblos llenos de encanto, de historia y de monumentos. En 1993 el Consejo de Europa reconoció el Camino de Santiago como el primer Itinerario Cultural Europeo y la Unesco declaró la ciudad de Santiago de Compostela Patrimonio Cultural de la Humanidad.

PREGUNTAS FRECUENTES

¿Dónde puedo empezar?
En cualquier lugar, pero, si quieres llegar a Santiago, hay que tener en cuenta cuántos días puedes viajar y que lo normal es caminar unos 25 km al día.

¿Puedo hacer diferentes trozos del Camino en varios años?
Sí, es lo más frecuente.

¿Cuántos kilómetros tengo que hacer para tener la Compostela?
Un mínimo de 100 km a pie o 200 km en bicicleta.

¿Las personas mayores pueden hacer el Camino?
Por supuesto, actualmente hay buenos servicios en todo el Camino.

¿Tengo que estar en buena forma?
Hacer 25 km un día no es muy difícil, pero andar muchos días seguidos es muy duro. Es recomendable prepararse un poco físicamente.

¿Dónde puedo alojarme?
Hay todo tipo de alojamiento: albergues gratuitos, pensiones, hoteles, etc.

¿Cuándo puedo hacer el Camino?
En cualquier época del año.

¿Cuándo hay más peregrinos en el Camino?
En verano, por supuesto. Por ejemplo, en verano pasan 200 peregrinos al día (o más) por Burgos; en invierno, de 1 a 5 por semana.

¿Puedo reservar plaza en un albergue?
No, tienes que llegar pronto y preguntar si hay sitio.

¿Qué ropa tengo que llevar?
Es muy importante no llevar demasiado peso. Esto es lo imprescindible: unas buenas botas de montaña o zapatillas de deporte, unos pantalones largos y unos cortos, una sudadera o jersey, dos camisetas, chanclas para las duchas de los albergues, un impermeable y una gorra.

Maribel y Jaime son "adictos al Camino". Han hecho el camino seis veces y nos dan información y consejos muy útiles.

---

01 KILÓMETROS DE EMOCIONES

Texto y significado
Motivos y experiencias

 A

¿Con qué partes de la introducción relacionamos estos testimonios de peregrinos que acaban de hacer el Camino?

"Ha sido una experiencia muy especial."
"He visto lugares muy bonitos."
"He hecho muchos amigos."
"Me he encontrado a mí mismo."

Texto y significado
Información sobre un viaje

 B 1·2·3

Leemos las preguntas frecuentes y completamos una tabla como esta.

Puedes

dormir en albergues

Tienes que

llevar poco equipaje

Texto y significado
Maribel y Jaime

C 47 3

Escuchamos a Maribel y a Jaime y anotamos sus respuestas.

1. ¿Es caro hacer el Camino?
2. ¿Están bien los albergues?
3. ¿En qué época es mejor hacer el Camino?
4. ¿Cómo es mejor hacerlo: a pie, en bici...?
5. ¿Cuánto tiempo se necesita?
6. ¿Todo el mundo puede hacer el Camino?
7. ¿Se puede hacer solo?
8. ¿Se tiene que llevar mucho equipaje?

Texto y significado
Condiciones

 D

Ahora ya sabemos muchas cosas del Camino. ¿Es un buen plan...

... si no tienes mucho dinero?
... si tienes más de 70 años?
... si solo tienes una semana de vacaciones?
... si odias el calor?
... si quieres conocer gente y tener contacto con la naturaleza?

Texto y lengua
Lo normal es...

 E

Completamos estas frases sobre el Camino con información del texto o con nuestras ideas.

—*Lo normal es...*
—*Es difícil...*
—*Es duro...*
—*Es recomendable...*
—*Es imprescindible...*

01
AGENDA DE APRENDIZAJE

Reglas y ejemplos
Pero

1 📄 **4** RG / P.141

Nos fijamos en estas frases y escribimos nuestros ejemplos.

—*Todo el mundo puede hacer el Camino, pero tienes que estar en forma.*
—*Ibiza es una isla muy bonita, pero es bastante cara.*

Mis ejemplos:

Palabras para actuar
Usos de poder + infinitivo

2 📄 **5-6-7-8**

Observamos los usos del verbo **poder** y pensamos qué diríamos en las siguientes situaciones.

Pedir permiso
Perdone, ¿puedo pasar?

Pedir una acción
¿Puedes venir un momento?

Posibilidad / imposibilidad / prohibición
¿Se puede dormir en la playa?
No se puede fumar.
                              reservar.

Aconsejar, sugerir
Puedes hacer una excursión en barco.
Podemos ir a la playa.

1. Pedir permiso al profesor o a un compañero para hacer algo en clase.

2. Pedir una acción al profesor o a un compañero.

3. Dar un consejo a un compañero para mejorar su español.

4. Escribir una norma del lugar donde aprendemos español.

Reglas y ejemplos
Construcciones impersonales

3 📄 **9** RG / P.141

Observamos las frases y escribimos nuestros propios ejemplos.

se + tercera persona
— *Cuando se viaja en grupo, se gasta menos.*

segunda persona del singular
—*Cuando viajas solo, gastas más.*

Mis ejemplos:

Palabras para actuar
Condiciones y recomendaciones

4 🎞 **4** 📄 **10** RG / P.141

Leemos estas frases y hacemos sugerencias para alguien que visita nuestro país.

—*Si quieres visitar ruinas mayas, puedes ir a Guatemala.*
—*Si vas en verano, puedes tener problemas para encontrar alojamiento.*
—*Si te interesa la pintura, tienes que ir al Museo del Prado.*

1. Si quieres una ciudad con mucho ambiente.

2. Si te interesa el arte.

3. Si no quieres gastar mucho.

4. Si vas en invierno.

01
TALLER DE USO

En parejas
Nuestras preferencias de viaje

A

Marcamos nuestras preferencias cuando viajamos y las comentamos en parejas.

	Me gusta	No me gusta	Depende
Qué te gusta hacer			
Visitar monumentos	☐	☐	☐
Conocer gente	☐	☐	☐
Hacer deporte	☐	☐	☐
Descansar y dormir mucho	☐	☐	☐
Tener contacto con la naturaleza	☐	☐	☐
Ir de compras	☐	☐	☐
Cómo prefieres viajar			
En avión	☐	☐	☐
En tren	☐	☐	☐
En moto	☐	☐	☐
En coche	☐	☐	☐
En bicicleta	☐	☐	☐
En autobús	☐	☐	☐
Con quién prefieres viajar			
Solo	☐	☐	☐
Con amigos	☐	☐	☐
Con la familia	☐	☐	☐
Con mi pareja	☐	☐	☐
Con un grupo organizado	☐	☐	☐
Dónde te gusta alojarte			
Quedarme en casa de amigos	☐	☐	☐
Ir a un hotel	☐	☐	☐
Alquilar un apartamento	☐	☐	☐
Ir a un camping	☐	☐	☐
A dónde te gusta ir			
A la montaña	☐	☐	☐
A la playa	☐	☐	☐
A una gran ciudad	☐	☐	☐
A países "exóticos"	☐	☐	☐
Qué llevas			
Poco equipaje	☐	☐	☐
Mucha ropa	☐	☐	☐
Qué prefieres			
El calor	☐	☐	☐
El frío	☐	☐	☐
La lluvia	☐	☐	☐
La nieve	☐	☐	☐

En parejas
¿Qué me llevo?

B 📢 5 📖 11·12·13·14·15

Consultamos la previsión del tiempo para esta semana en una de estas ciudades: Bariloche, Bogotá, La Habana o Madrid. Elegimos la ropa e indicamos el número de prendas.

Cantidad

	zapatos
	zapatillas de deporte
	botas
	pantalones
	pantalones cortos
	camisas
	camisetas
	bañadores / bikinis
	vestidos
	chaquetas
	sudaderas
	jerséis
	abrigos
	anoraks
	gorros
	guantes
	corbatas
	trajes
	faldas
	calzoncillos
	bragas
	sujetadores
	chanclas
	gafas de sol
	otros:

C

Comparamos nuestra lista con la de un compañero que ha elegido la misma ciudad. ¿Quién lleva más ropa?

Los diarios de viaje que muchos viajeros cuelgan en internet son una muy buena manera de informarnos antes de viajar. Aquí tenemos un ejemplo: Marcos Martín ha visitado Costa Rica y nos cuenta sus experiencias.

DEL CARIBE AL PACÍFICO

29 DE JULIO
DE BARCELONA A SAN JOSÉ

A las 9.40 h hemos salido de Barcelona para Madrid, y desde allí a San José, vía Miami. Hemos llegado a las 6.40 h de la tarde, hora local, después de doce horas y media de viaje. La diferencia horaria con España es de ocho horas. Estamos muy cansados. El hotel no es muy bueno y nos vamos a acostar muy pronto.

30 DE JULIO
DE SAN JOSÉ A TORTUGUERO

Hemos desayunado en el bar de enfrente del hotel. Yo he probado el gallo pinto, que es el desayuno típico: arroz con frijoles. Y he comido mucha fruta tropical.
Hemos alquilado un 4x4 y hemos salido hacia el Parque Nacional Tortuguero. Hemos cruzado el bosque lluvioso Braulio Carrillo. ¡Es impresionante! Costa Rica es el país con mayor biodiversidad del planeta por kilómetro cuadrado. Un 46,8 % de su superficie es selva y aproximadamente el 25 % del territorio son parques naturales. Después hemos llegado al pueblo de Tortuguero. Seguimos con *jet lag*. Las carreteras son bastante malas. Hemos encontrado una pensión barata para la primera noche.

31 DE JULIO
TORTUGUERO

Hoy hemos ido en barco. En Tortuguero no hay caminos y solo se puede viajar en barco o en avión. En los canales hemos visto muchas aves exóticas, cocodrilos y caimanes, monos y tortugas... Y, por todas partes, la selva. He hecho muchas fotos. Luego hemos llegado a nuestro hotel: unos *bungalows* de madera muy agradables. Hay tela mosquitera en las ventanas porque hay muchos mosquitos. ¡Y los productos antimosquitos no funcionan!
Por la tarde hemos hecho una excursión con un guía, que nos ha enseñado muchos animales. Como dicen los ticos (los costarricenses): "¡Pura vida!". Es la frase que utilizan a todas horas, para saludar, para despedirse... y para describir su país.

1 DE AGOSTO
TORTUGUERO

Os lo digo de verdad: si no habéis estado en Costa Rica, no conocéis el paraíso... Hemos hecho una excursión por el bosque lluvioso y hemos visto hormigas gigantes y ranas rojas diminutas. Ha llovido toda la mañana. Las playas de Tortuguero, en el Caribe, son muy conocidas por las tortugas, pero no te puedes bañar. Hay muchas olas y no hace buen tiempo (no es el Caribe azul de las fotos).
Por la noche hemos ido a la playa a ver las tortugas. Pesan hasta 300 kilos y miden un metro y medio. Han salido del mar y han puesto los huevos en la arena. No hemos podido hacer fotos ni vídeos, pero no importa: ¡es un espectáculo inolvidable! Mañana salimos hacia el Pacífico.

Antes de leer
¿Conoces Costa Rica?

 A

¿Alguien de nuestra clase conoce Costa Rica u otro país del Caribe? ¿Qué puede contarnos? Si nadie ha estado, ¿cómo creemos que es?

— Yo *he estado en*...
— Yo *no he estado*.

— Yo he estado en Guatemala. Es muy interesante.
— Yo en Nicaragua...
— Pues yo no he estado nunca en el Caribe.

Texto y significado
Lo que nos gustaría hacer

B

Dividimos la clase en grupos. Cada grupo lee una entrada del blog de Marcos y hace una lista de las actividades que ha hecho ese día.

Desayunar gallo pinto.

C 16-17-18-19

Ponemos en común las listas y comentamos entre todos qué nos gustaría hacer a nosotros.

A mí me gustaría ver tortugas.

Texto y lengua
¿Qué ha hecho?

 D

Subrayamos en el texto las formas del pretérito perfecto que aparecen. ¿Cómo se forma?

yo	
tú	has estado
él/ella/usted	
nosotros/nosotras	
vosotros/vosotras	
ellos/ellas/ustedes	

Texto y significado
Enrique habla de su país

E 🔊 48 📹 6

Enrique nos habla de su país y nos recomienda los siguientes lugares. ¿Qué son? ¿Qué dice de ellos?

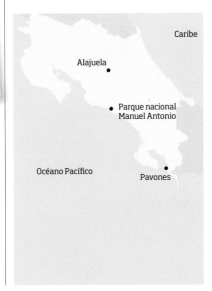

Caribe
Alajuela
Parque nacional Manuel Antonio
Océano Pacífico
Pavones

En español y en otras lenguas
Localización y movimiento

1  RG / P.138

¿A qué corresponden estas construcciones en nuestra lengua u otras que conocemos?

Trabajar en Madrid.
Vivir en Madrid.
Estar en Madrid.

Ir a Madrid.
Volver a Madrid.

Ir de Madrid **a** Sevilla.

Venir de Madrid **a** Sevilla.

Viene a Sevilla.

Pasar por Madrid.

Viajar por Andalucía.

Reglas y ejemplos
Pretérito perfecto: formación

2 RG / P.140

Miramos cómo se forma el pretérito perfecto y escribimos los participios de los infinitivos.

haber	+ participio
he	
has	
ha	est**ado**
	com**ido**
hemos	viv**ido**
habéis	
han	

estar — *estado*

trabajar —

viajar —

visitar —

comer — *comido*

leer —

beber —

vivir — *vivido*

salir —

dormir —

> **!** Algunos verbos tienen participios irregulares, como:
>
> hacer — **hecho**
> ver — **visto**
> decir — **dicho**
> poner — **puesto**

Reglas y ejemplos
Pretérito perfecto: usos

3 27

El pretérito perfecto es uno de los tiempos del pasado en español. Sirve, entre otras cosas, para:
- hablar de cosas que has hecho hoy.
- hablar de experiencias sin especificar cuándo.

Mis ejemplos

Tres cosas que he hecho hoy
He comido con un amigo.

Tres experiencias que he tenido en algún momento de mi vidda
He vivido en varios países.

Palabras para actuar
Hablar del futuro: ir a + infinitivo

4  RG / P.140

Usamos **ir a** + infinitivo para hablar de proyectos o planes.

ir	a + infinitivo
voy	
vas	
va	**a viajar** a Chile.
vamos	
vais	
van	

> **!** También podemos referirnos al futuro usando el presente:
>
> Este verano **viajo** a Chile.

Mis planes para después de clase:

Entre todos
Las locuras de la clase

¿Hemos hecho alguna vez algo muy especial, inusual, extravagante, loco...? Hacemos una lista.

Escogemos una cosa de la lista que creemos que no ha hecho nadie más y se lo contamos al resto de los compañeros. Entre todos, hacemos una lista de "locuras" y escogemos la más original, extraña, extravagante o divertida.

> He buceado con delfines.
>
> He trabajado de camarero en un restaurante nepalí.
>
> He dormido en un iglú.

En grupos
El viaje de nuestros sueños

Rellenamos estas fichas con información sobre un plan de vacaciones imaginario. Lo comentamos en grupos de cuatro. ¿Con qué compañero nos gustaría compartir el viaje?

¿A dónde voy a ir?
....

¿Con quién voy a ir?
....

¿Cómo?
....

¿Qué actividades voy a hacer?
....
....

¿Dónde me voy a alojar?
....

66
—Yo voy a hacer un viaje en barco por el Amazonas con Ryan Gosling. Vamos a conocer tribus indígenas, a... 99

ARCHIVO DE LÉXICO

Palabras en compañía
Vacaciones

1 ▶ 11 📄 29-30

Añadimos el máximo número de palabras.

Viajar por	Ir en	Hacer un viaje con	Hacer
una región	coche	una región	una región

Conocer	Llevar	Llevar
una ciudad	un gorro	en la playa

Mis palabras
La ropa que me gusta ponerme

2

Hablamos de la ropa que usamos en diferentes situaciones.

Para ir a trabajar / a clase me gusta ponerme

Para ir a una fiesta me gusta ponerme

Para estar en casa me gusta ponerme

Para hacer deporte me gusta ponerme

Ahora llevo

PROYECTOS

Proyecto individual
Un lugar especial

 A

Pensamos en un lugar que conocemos. Buscamos fotografías que vamos a compartir con los compañeros en clase o en nuestro espacio virtual. Preparamos un pequeño guión y los compañeros nos hacen preguntas.

LA ALBERCA

Dónde está
Está en Salamanca, en la Sierra de Francia, a 3 horas de Madrid.

Cómo llegar
Lo mejor es ir en coche.

Por qué ir
Es un pueblo precioso, tranquilo y muy pintoresco.

Lo mejor es ir...
en primavera.

Presupuesto diario
Unos 50 euros.

Dónde alojarse
En una casa rural de la zona. Hay algunas preciosas y no muy caras.

Dónde comer
En el centro hay muchos restaurantes con comida típica.

Proyecto en grupo
Escogemos un viaje

 B

En grupos, observamos estas ofertas de viajes. Si necesitamos más información, la buscamos en internet. ¿Cuál preferimos? ¿Por qué?

Una semana en hotel de 5 estrellas en Ciudad de México.
1300 euros (incluidos vuelos de ida y vuelta)

3000 km en autocaravana por la Patagonia
1800 euros (incluidos vuelos de ida y vuelta)

Viaje organizado de una semana en bus por Andalucía: Sevilla, Cádiz, Málaga y Granada.
Salida desde Sevilla.
550 euros

10 días de crucero por el caribe en velero;
12 personas + tripulación. Salida desde Puerto Rico.
3100 euros por persona

Hotel "Todo Incluido" En Ibiza.
15 días
800 euros

Casa rural cerca de Mérida (Extremadura) para 6 personas.
2 semanas
900 euros

OFERTAS

C

En los mismos grupos, buscamos en la red una oferta real parecida a una de las anteriores. Anotamos aspectos positivos y negativos y escogemos una entre todos.

—*Yo he encontrado...*

- destino
- fecha de salida y duración
- alojamiento
- visitas
- actividades
- precios

D

Presentamos nuestra oferta en clase o en nuestro espacio virtual compartido y comentamos las de los demás.

RESUMEN GRAMATICAL Y DICCIONARIO DE CONSTRUCCIONES VERBALES

RESUMEN GRAMATICAL

RESUMEN GRAMATICAL

- El abecedario .... p. 131
- Escritura y pronunciación .... p. 131
- Los numerales .... p. 133
- Cantidades .... p. 133
- Los artículos .... p. 134
- Los nombres .... p. 134
- Los adjetivos .... p. 135
- La comparación .... p. 136
- Los demostrativos .... p. 136
- Los posesivos átonos .... p. 136
- Cuantificadores
  y gradativos .... p. 137
- Los pronombres .... p. 137
- Marcadores
  y preposiciones .... p. 138
- Frases interrogativas .... p. 139
- La negación .... p. 139
- Afirmar, negar, expresar
  coincidencia .... p. 139
- Tiempos verbales:
  el presente .... p. 140
- Tiempos verbales:
  el pretérito perfecto .... p. 140
- Hablar del futuro: **ir a** +
  infinitivo, presente .... p. 140
- Verbos de afección: **gustar,
  encantar, interesar** .... p. 141
- Impersonalidad: **se**+verbo /
  2ª persona del singular .... p. 141
- La obligación y el consejo:
  tener que + infinitivo .... p. 141
- Existencia y ubicación:
  hay/no hay, está .... p. 141
- Conectores: **y, o, ni... ni...,
  pero** .... p. 141
- Causa y finalidad:
  **¿por qué?, porque,
  por eso, para** .... p. 141
- Frases compuestas: **cuando,
  si, que, donde** .... p. 141

DICCIONARIO DE CONSTRUCCIONES VERBALES .... P. 142

El abecedario

A, a	a	h**a**bl**a**r
B, b	be	**B**olivia
C, c	ce	**C**olombia, Bar**c**elona, **cinc**o
D, d	de	**d**os
E, e	e	**C**ervant**e**s
F, f	efe	**F**rancisco
G, g	ge	**G**uatemala, Ar**g**entina
H, h	hache	**H**onduras
I, i	i	**i**nternac**i**onal
J, j	jota	**J**alisco
K, k	ka	**k**ilo
L, l	ele	**l**engua
M, m	eme	**M**adrid
N, n	ene	**N**icaragua
Ñ, ñ	eñe	Espa**ñ**a
O, o	o	Alm**o**d**ó**var
P, p	pe	**p**aís
Q, q	cu	Már**q**uez, a**q**uí
R, r	erre	Pe**r**ú, Costa **R**ica
S, s	ese	**S**evilla
T, t	te	**t**ango
U, u	u	c**u**rríc**u**l**u**m
V, v	uve	Boli**v**ia
W, w	uve doble	**W**ashington, **w**eb
X, x	equis	e**x**traño, ta**x**i
Y, y	i griega, ye	**y**o, Paragua**y**
Z, z	ceta	Vene**z**uela, La Pa**z**

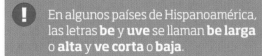

Las letras tienen género femenino: **la a, la be**...

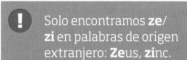

En algunos países de Hispanoamérica, las letras **be** y **uve** se llaman **be larga** o **alta** y **ve corta** o **baja**.

—*¿Cómo se escribe Bibiana?*
—*Con be de Bélgica.*

Escritura y pronunciación
Letras y sonidos

B - V
La **b** y la **v** se pronuncian igual, [b]: **b**e**b**er, **v**ida.

C - QU - K
Qu delante de **e/i** se pronuncia [k]: **qu**erer, **Qui**to.

La **u** no se pronuncia en las combinaciones **que/qui**.

La **c** delante de **a/o/u** se pronuncia [k]: **ca**sa, **co**mer, **Cu**sco.

La **k** [k] es una letra poco frecuente en español. Solo la encontramos en palabras de origen extranjero: **k**ami**k**aze, **k**ilo, **K**uwait.

C - Z
La **c** delante de **e/i** se pronuncia [θ]: **ce**ro, **ci**elo.

La **z** delante de **a/o/u** se pronuncia [θ]: **Za**rago**z**a, **zo**o, **zu**mo.

La **z** al final de sílaba se pronuncia [θ]: arro**z**, ve**z**.

Solo encontramos **ze/zi** en palabras de origen extranjero: **Ze**us, **zi**nc.

En América Latina, en el sur de España y en Canarias no se diferencia el sonido de **ce/ci** del de **se/si**: todas estas combinaciones suenan como la **s**. La **z** se pronuncia siempre también como la **s**.

RESUMEN GRAMATICAL

CH
La **ch** se pronuncia [tʃ]: **Ch**ile.

G - J
La **g** delante de **e/i** se pronuncia [x]: **ge**nte, pá**gi**na.

La **j** delante de **a/o/u** se pronuncia [x]: **ja**món, **jo**ta, **ju**gar.

No hay muchas palabras con la combinación **je/ji** [x]: **je**fe, e**je**mplo, **ji**rafa.

G - GU
La **g** delante de **a/o/u** se pronuncia [g]: **ga**to, **go**l, **gu**apo.

Gu delante de **e/i** se pronuncia [ge]/[gi]: **gue**rra, **gui**tarra.

 La **u** no se pronuncia en las combinaciones **gue/gui**.

Si queremos que suene la **u**, [gwe], [gwi], le ponemos diéresis (**ü**): Si**güe**nza, lin**güi**sta.

H
La **h** no se pronuncia nunca: **h**ola, **h**ay.

LL - Y
En muchas zonas de América y de España se pronuncian igual **ll** y **y** [j]: **ll**uvia, **y**o. La **ll** también se puede pronunciar: [ ].

En Argentina, en Uruguay y en algunas zonas vecinas la pronunciación de **ll** y **y** es muy característica: [ʒ], [ʃ].

Ñ
Se pronuncia como en francés o italiano **gn**: a**ñ**o, Espa**ñ**a.

R
Entre vocales, la **r** se pronuncia con un sonido débil [r]: pe**r**o, Sa**r**a.

Se pronuncia con un sonido fuerte al principio de palabra, al final de sílaba, después de **l** y **n**, y cuando se escribe **rr**: **R**oma, co**r**to, al**r**ededor, pe**rr**o.

X
Se pronuncia como **cs** [ks]: pró**x**imo, e**x**amen.

 México se pronuncia **Méjico** ([x]).

W
Hay pocas palabras con esta letra en español y todas son de origen extranjero: **web**, **whisky**. Se suele pronunciar como la **b** [bater] o como la **u** [ueb], [uiski].

Escritura y pronunciación
El acento

Palabras esdrújulas ...■□□
Hay dos sílabas después de la tónica: **tí**pico, te**lé**fono.

Palabras llanas ...■□
Hay una sílaba después de la tónica: **co**sa, pa**la**bra.

Palabras agudas ...■
La sílaba tónica es la última sílaba: vi**vir**, traba**jó**.

 La mayoría de palabras en español son llanas. Algunas palabras se escriben con tilde (acento gráfico) y otras no.

Escritura y pronunciación
La tilde

Palabras esdrújulas
Se escriben con tilde siempre: Bit**á**cora, inform**á**tica.

Palabras llanas
Se escriben con tilde cuando no terminan en vocal, **n** o **s**: **á**rbol, l**á**piz.

Palabras agudas
Se escriben con tilde cuando terminan en vocal, **n** o **s**: caf**é**, pap**á**, canci**ó**n, ven**í**s.

Escritura y pronunciación
Signos de interrogación y exclamación

En español, al principio y al final de las preguntas y de las exclamaciones se escriben los siguientes signos:

¿...?   **¡...!**

¿Cómo se llama**?**   ¡Qué bonito**!**

Numerales
Cardinales

0 cero	**17** diecisiete	**40** cuarenta	**700** setecient**os/as**
1 un(o/a)	**18** dieciocho	**50** cincuenta	**800** ochocient**os/as**
2 dos	**19** diecinueve	**60** sesenta	**900** novecient**os/as**
3 tres	**20** veinte	**70** setenta	**1000** mil
4 cuatro	**21** veintiún(o/a)	**80** ochenta	...
5 cinco	**22** veintidós	**90** noventa	**1451** mil cuatrocient**os/as** cincuenta y uno
6 seis	**23** veintitrés	**100** cien	...
7 siete	**24** veinticuatro	**101** ciento un(**o/a**)	**2000** dos mil
8 ocho	**25** veinticinco	**102** ciento dos	**10 000** diez mil
9 nueve	**26** veintiséis	...	**18 649** dieciocho mil seiscient**os/as** cuarenta y nueve
10 diez	**27** veintisiete	**200** doscient**os/as**	**175 209** ciento setenta y cinco mil doscient**os/as** nueve
11 once	**28** veintiocho	...	**1 000 000** un millón (de)
12 doce	**29** veintinueve	**284** doscient**os/as** ochenta y cuatro	**2 000 000** dos millones (de)
13 trece	**30** treinta	...	
14 catorce	**31** treinta y un(**o/a**)	**300** trescient**os/as**	
15 quince	**32** treinta y dos	**400** cuatrocient**os/as**	
16 dieciséis	...	**500** quinient**os/as**	
		600 seiscient**os/as**	

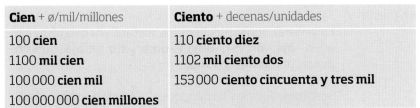

Cien + ø/mil/millones	**Ciento** + decenas/unidades
100 **cien**	110 **ciento diez**
1100 **mil cien**	1102 **mil ciento dos**
100 000 **cien mil**	153 000 **ciento cincuenta y tres mil**
100 000 000 **cien millones**	

!	100 000	**cien mil** habitantes
	1 000 000	**un millón de** habitantes

Cantidades
Partes y porcentajes

—*Todos* mis primos viven en el pueblo.

—*La mitad de* mis amigos viven en el extranjero.

—*El 30 % de* la población no vota nunca.

—*Más de 800 000* personas viven en el Gran Bilbao.

—*La mayoría de* los cines de España ponen las películas dobladas.

Los días laborables, la mayoría de las personas no tiene tiempo para la siesta.

RESUMEN GRAMATICAL

Los artículos
Artículos determinados e indeterminados

		Masculino	Femenino
Artículo determinado	Singular	**el** libro	**la** caja
	Plural	**los** libros	**las** cajas
Artículo indeterminado	Singular	**un** libro	**una** caja
	Plural	**unos** libros	**unas** cajas

Determinados
Para referirnos a algo ya mencionado o cuya identidad es conocida por el contexto o presupuesta por los interlocutores:

—*El perro de Eva es muy bonito.*
—*La capital de Ecuador es Quito.*
—*Los perros de Eva son muy bonitos.*
—*Las carreteras de esta región son muy malas.*

Para referirnos a una materia o a todos los miembros de una categoría o especie, si es el sujeto de la frase se usan siempre los artículos determinados.

—*El azúcar no es bueno para la salud.*
(Todo el azúcar)
—*Los perros son más cariñosos que los gatos.*
(Todos los perros, todos los gatos)

Indeterminados
Para referirnos a un sustantivo no mencionado antes o cuya identidad no es conocida o presupuesta por todos los interlocutores:

—*Eva tiene un perro muy bonito.*
—*Eva tiene unos perros muy bonitos.*

Sin artículo
Para referirnos a la disponibilidad de un servicio o prestación, sin artículo.

—*Valencia tiene aeropuerto.*
—*¿En el hotel hay piscina?*

Para referirnos a una cantidad indeterminada de un sustantivo no contable.

—*¿Quieres azúcar?*

Cuando solo queremos referirnos a un género o tipo de cosas o personas y no a individuos concretos.

—*En ese piso viven estudiantes* (no familias).

Para informar de la profesión de una persona.

—*Mi madre es traductora.*

El artículo neutro lo

—*Lo más interesante de la ciudad es el barrio antiguo.*
(el aspecto más interesante, el conjunto de cosas más interesantes)
—*Lo que más me gusta es viajar.*

Los nombres
El género: masculino y femenino

En español hay nombres masculinos y femeninos. No hay nombres neutros.

Masculino	Femenino
el **pueblo**	la **ciudad**
el **libro**	la **fruta**

El género y el número afectan a las palabras que acompañan al nombre: los artículos, los pronombres y los adjetivos (calificativos, demostrativos y posesivos).

—*Ese pueblo es muy pequeño.*
—*Hay una iglesia muy bonita.*
—*Los padres de Marta son bastante simpáticos.*
—*Esas botas de piel son demasiado caras.*

En general, son masculinos los sustantivos que terminan en **-o**, **-aje**, **-ón** y **-r**, **-ema** y **-oma**: gat**o**, gar**aje**, cami**ón**, moto**r**, probl**ema**, axi**oma**.

Son femeninos los terminados en **-a**, **-ción**, **-sión**, **-dad**, **-tad**, **-ez**, **-eza** y **-ura**: gat**a**, can**ción**, ver**dad**, trist**eza**, verd**ura**.

Los nombres con otras terminaciones pueden ser masculinos o femeninos: la nub**e**, el homb**re**, el so**l**, la mie**l**, etc.

Los nombres
El género de las profesiones

La **-o** del masculino se cambia por una **-a** en el femenino.

Masculino	Femenino
un camarer**o**	**una** camarer**a**

Se añade una **-a** para formar el femenino.

Masculino	Femenino
un profesor	**una** profesor**a**
un bailarín	**una** bailarin**a**

Hay una única forma para el masculino y el femenino de los terminados en **-e** y en **-ista**.

Masculino	Femenino
un contabl**e**	**una** contabl**e**
un deport**ista**	**una** deport**ista**

Para algunas profesiones, coexisten en el español actual varias formas para el femenino. Se usan cada vez más nuevas formas femeninas.

Masculino	Femenino
un juez	**una** juez/juez**a**
un presidente	**una** president**e**/presidenta
un médico	**una** médic**o**/médic**a**

Los nombres
El número: singular y plural

Formación del plural: vocal + **-s**
Si un nombre termina en vocal, añadimos **-s**: cas**a** - cas**as**.

Formación del plural: consonante + **-es**
Si un nombre termina en consonante, añadimos **-es**: acto**r** - actor**es**.

 Las palabras que terminan en **-z**, forman el plural en **-ces**: ve**z** - ve**ces**.

Los adjetivos
Género y número

un cuadro	una ciudad	unos cuadros	unas ciudades
bonit**o**	bonit**a**	bonit**os**	bonit**as**
interesant**e**		interesant**es**	
grand**e**		grand**es**	

—*Es un restaurante muy* bueno.

No varían en género los adjetivos acabados en **-z**, **-l**, **-ista**, **-e**, **-ante**, **-ente** y **-ble**.

—*un hombre / una mujer* capaz
fiel
optimista
fuerte
importante
valiente
agradable

Los adjetivos
Género de los gentilicios

-o	**-a**
peruan**o**	peruan**a**
italian**o**	italian**a**

-consonante	**-consonante + a**
francés	frances**a**
alemán	aleman**a**

-a **-í** **-ense**	
belg**a**	croat**a**
marroqu**í**	israel**í**
costarric**ense**	nicaragü**ense**

RESUMEN GRAMATICAL

Los adjetivos
Superlativos

—*La ciudad **más** poblada de la región.*
—*El hombre **más** simpático **que** conozco.*
—*La chico **más** simpático **de** todos.*

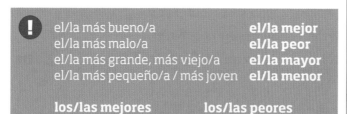

❗	el/la más bueno/a	**el/la mejor**
	el/la más malo/a	**el/la peor**
	el/la más grande, más viejo/a	**el/la mayor**
	el/la más pequeño/a / más joven	**el/la menor**

los/las mejores	**los/las peores**
los/las mayores	**los/las menores**

La comparación
Con adjetivos, nombres y verbos

	Adjetivos	
más	bonito/a/os/as	que...
menos	grande/s	

—*Sevilla es **más** grande **que** Córdoba.*

	Nombres	
	aceite	
más	sal	que...
menos	habitantes	
	casas	

—*Sevilla tiene **más** habitantes **que** Córdoba.*
—*Almería tiene **menos** habitantes **que** Málaga.*

Verbos		
come	**más**	que...
	menos	

—*Almudena come **más que** Azucena.*
—*Azucena come **menos que** Almudena.*

❗	más bueno/a	**mejor**
	más malo/a	**peor**
	más grande, más viejo/a	**mayor**
	más pequeño/a, más joven	**menor**

Los demostrativos
Este, ese, aquel

aquí/acá	ahí	allí/allá
este chico	**ese** chico	**aquel** chico
esta chica	**esa** chica	**aquella** chica
estos amigos	**esos** amigos	**aquellos** amigos
estas amigas	**esas** amigas	**aquellas** amigas
esto	**eso**	**aquello**

Los posesivos átonos
Mi, tu, su, nuestro, vuestro, su

1ª. pers.	**mí**	**mi** hermano, **mi** hermana
singular	**mis**	**mis** hermanos, **mis** hermanas
2ª. pers.	**tu**	**tu** hermano, **tu** hermana
singular	**tus**	**tus** hermanos, **tus** hermanas
3ª. pers.	**su**	**su** hermano, **su** hermana
singular	**sus**	**sus** hermanos, **sus** hermanas

1ª. pers.	**nuestro/a**	**mi** hermano, **mi** hermana
plural	**nuestros/as**	**mis** hermanos, **mis** hermanas
2ª. pers.	**vuestro/a**	**tu** hermano, **tu** hermana
plural	**vuestros/as**	**tus** hermanos, **tus** hermanas
3ª. pers.	**su**	**su** hermano, **su** hermana
plural	**sus**	**sus** hermanos, **sus** hermanas

 Existen también formas de posesivos tónicos. Los usamos en expresiones como:

un amigo **mío**
una vecina **mía**
unos compañeros **míos**
unas colegas **mías**

Cuantificadores y gradativos
Indefinidos

Con nombres

ningún algún	libro		ninguna alguna	novela
algunos varios bastantes muchos demasiados	libros		algunas varias bastantes muchas demasiadas	novelas

nada de poco un poco de bastante mucho demasiado	tiempo		nada de poca un poco de bastante mucha demasiada	agua

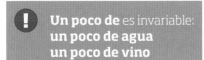

> **(!)** **Un poco de** es invariable:
> **un poco de agua**
> **un poco de vino**

Con verbos

no trabaja	**nada**
trabaja	**poco**
	un poco
	bastante
	mucho
	demasiado

Con adjetivos

nada un poco* bastante muy demasido	**bonito/a/os/as** **feo/a/os/as** **bonito/a/os/as** **bonito/a/os/as** **bonito/a/os/as**

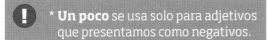

> **(!)** * **Un poco** se usa solo para adjetivos que presentamos como negativos.

Los pronombres
En función de sujeto

1ª. pers. singular	**yo**	—*Yo hablo dos idiomas, ¿y tú?*
2ª. pers. singular	**tú**	—*Tú naciste en Roma, ¿verdad?*
3ª. pers. singular	**él** **ella** **usted**	—*Él es ingeniero y ella, arquitecta.*
1ª. pers. plural	**nosotros** **nosotras**	—*Nosotros reciclamos los periódicos viejos.*
2ª. pers. plural	**vosotros** **vosotras**	—*¿Vosotros tenéis coche?*
3ª. pers. plural	**ellos** **ellas** **ustedes**	—*En esa época, ellas vivían en Argentina.*

> **(!)** En español no siempre es necesaria la presencia del pronombre sujeto. La terminación del verbo indica la persona gramatical.
>
> - ¿Dónde viv**es**?
> - En Vigo.
>
> Sí se usa cuando se contrastan diferentes sujetos, hay ambigüedad o no se dice el verbo.
>
> - **Yo** vivo en Vigo, pero mi familia vive en Burgos.

RESUMEN GRAMATICAL

Los pronombres
Reflexivos

1ª. pers. singular	**me** levanto
2ª. pers. singular	**te** levantas
3ª. pers. singular	**se** levanta
1ª. pers. plural	**nos** levantamos
2ª. pers. plural	**os** levantáis
3ª. pers. plural	**se** levantan

Algunos verbos muy frecuentes en español se construyen con los pronombres reflexivos **me**, **te**, **se**, **nos**, **os**, **se**.

—*Mi novio se llama Rodrigo.*
—*Normalmente nos levantamos a las 7 h.*
—*Por las mañanas me tomo un café en un bar.*
—*Los niños siempre se duermen en el coche.*

Se usan las construcciones reflexivas cuando el sujeto realiza una acción sobre sí mismo.

—*Yo me ducho todos los días por la noche.*
—*Siempre me pongo corbata para ir a trabajar.*

Muchos verbos que indican un cambio funcionan como verbos reflexivos.

—*Si tengo poco tiempo, me pongo nervioso.*

Cuando usamos el verbo **ir** para decir que alguien deja un lugar, se usa en forma reflexiva.

—*Adiós, me voy. Hasta luego.*

Preposiciones y marcadores
El espacio

—*El avión sale de Barcelona a las 12.00 y llega a Mallorca a las 12.40.*
—*Marta ha hecho el Camino de Santiago desde Burgos hasta Santiago en una semana.*

—*Para ir de Canadá a México, tienes que pasar por Estados Unidos.*
—*Ana pasea con el perro por la playa todos los días.*

—*Toledo está cerca de Madrid.*
—*Vigo está lejos de Cádiz.*

—*En las islas Baleares hay muchos hoteles.*
—*Hay varias ciudades grandes alrededor de Madrid.*
—*Lola tiene una casa al lado de la catedral.*
—*El aeropuerto está a las afueras de la ciudad.*

Preposiciones y marcadores
El tiempo y la frecuencia

—*En enero llueve mucho en esta zona.*
—*En verano vienen muchos turistas.*

—*De lunes a viernes trabajo.*
—*Entre semana no salgo del campus.*

—*Los sábados voy al pueblo.*
—*Los fines de semana no hago nada.*

—*Vamos mucho al teatro.*
—*Todos los días hablo con mi novia.*
—*Algunos días voy al gimnasio.*
—*Hace karate dos veces por semana.*
—*Voy a Toledo cinco veces al mes.*
—*Voy de vez en cuando a casa de mis padres.*

—*En Navidad siempre voy a casa de mis padres.*
—*No voy nunca a la playa.*

—¿Tú te levantas a la misma hora los fines de semana que entre semana?
—Sí, me gusta tener horarios fijos.

Frases interrogativas
Qué, quién, dónde, cómo, cuándo, cuánto...

—*¿Quién es ese chico/esa chica?*
—*¿Quiénes son esos chicos/esas chicas?*
—*¿Dónde está Córdoba?*
—*¿Adónde vas esta tarde?*
—*¿Cómo se escribe "Guanajuato"?*
—*¿Cuándo es la fiesta?*
—*¿Cuánto tiempo se necesita para hacer el camino?*
—*¿Cuántos kilómetros hay hasta Madrid?*
—*¿Cuánta agua quieres?*
—*¿Cuántas hermanas tienes?*
—*¿Por qué estás aquí?*
—*¿Qué haces los domingos?*
—*¿Cuál es tu plato preferido?*
—*¿Cuáles son tus platos preferidos?*

Frases interrogativas
Qué/cuál

Qué + verbo
—*¿Qué vas a comer hoy?*

Qué + nombre
—*¿Qué ciudad es la más bonita de Andalucía?*
—*¿Qué ciudades son las más bonitas de Andalucía?*

Cuál/cuáles + verbo
—*¿Cuál es la ciudad más bonita de Andalucía?*
—*¿Cuáles son las ciudades más bonitas de Andalucía?*

Frases interrogativas
Con preposición

En preguntas con preposición, esta se sitúa antes de la partícula interrogativa:

—*¿De dónde eres?*
—*De Bilbao.*

—*¿Con quién viajas normalmente?*
—*Con mi familia.*

—*¿De qué ciudad eres?*
—*De Bogotá.*

La negación
No

—*¿Eres español?*
—*No.*

—*¿Eres arquitecto?*
—*No, no soy arquitecto, soy diseñador.*

 Cuando determinadas palabras con sentido negativo se colocan después del verbo, es necesario usar **no**:
• **No** voy **nunca** a la playa.
• **No** hay **nadie** en casa.
• **No** hay **ningún** bar en este pueblo.

Afirmar, negar, expresar coincidencia
Sí, no, también, tampoco

—*¿Vas mucho al teatro?*
—*Sí, bastante.*
—*Yo también, casi todas las semanas.*

—*Yo voy mucho al teatro.*
—*Yo no. Voy más al cine.*

—*Yo no voy mucho al teatro.*
—*Yo sí, me encanta.*

—*¿Participas en redes sociales?*
—*No, no tengo tiempo para esas cosas.*
—*Yo tampoco, la verdad.*

—¿Tú vas mucho al cine?
—No, no mucho. Veo más películas en casa, en la tele.
—Pues yo sí, una o dos veces por semana.

RESUMEN GRAMATICAL

Tiempos verbales
Presente

	hablar	comer	escribir
Yo	hablo	como	escribo
Tú	hablas	comes	escribes
Él/ella/usted	habla	come	escribe
Nosotros/nosotras	hablamos	comemos	escribimos
Vosotros/vosotras	habláis	coméis	escribís
Ellos/ellas/ustedes	hablan	comen	escriben

Irregulares (cambio de la vocal)

	poder	pedir	empezar
Yo	puedo	pido	empiezo
Tú	puedes	pides	empiezas
Él/ella/usted	puede	pide	empieza
Nosotros/nosotras	podemos	pedimos	empezamos
Vosotros/vosotras	podéis	pedís	empezáis
Ellos/ellas/ustedes	pueden	piden	empiezan

Algunos verbos tienen la primera persona irregular:

salgo	hago	**sé**	**voy**	**estoy**
(salir)	(hacer)	(saber)	(ir)	(estar)
sales	haces	sabes	vas	estás
...	...	...	...	...

Y otros tienen varias irregularidades:

	tener	venir
Yo	tengo	vengo
Tú	tienes	vienes
Él/ella/usted	tiene	viene
Nosotros/nosotras	tenemos	venimos
Vosotros/vosotras	tenéis	venís
Ellos/ellas/ustedes	tienen	vienen

	ser	ir
Yo	soy	voy
Tú	eres	vas
Él/ella/usted	es	va
Nosotros/nosotras	somos	vamos
Vosotros/vosotras	sois	vais
Ellos/ellas/ustedes	son	van

Tiempos verbales
Pretérito perfecto

	haber	participio
Yo	he	
Tú	has	
Él/ella/usted	ha	visitado
Nosotros/nosotras	hemos	leído
Vosotros/vosotras	habéis	vivido
Ellos/ellas/ustedes	han	

infinitivo	participio
visitar	visitado
comer	comido
vivir	vivido

Algunos participios irregulares:

infinitivo	participio
hacer	**hecho**
ver	**visto**
escribir	**escrito**
decir	**dicho**
poner	**puesto**

Hablar del futuro
Ir a + infinitivo y presente

	ir	a + infinitivo
Yo	**voy**	
Tú	**vas**	
Él/ella/usted	**va**	**a** viajar
Nosotros/nosotras	**vamos**	**a** volver
Vosotros/vosotras	**vais**	**a** dormir
Ellos/ellas/ustedes	**van**	

Usamos **ir a** + infinitivo para referirnos a planes, intenciones o eventos:
—*En verano vamos a viajar por Europa.*
—*Esta noche voy a volver tarde.*
—*En Lima vamos a dormir en casa de un amigo.*

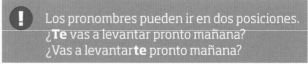

> **!** Los pronombres pueden ir en dos posiciones.
> ¿**Te** vas a levantar pronto mañana?
> ¿Vas a levantar**te** pronto mañana?

Con marcadores temporales que indican futuro, podemos usar el presente de indicativo. Se suele usar para indicar que hablamos del resultado de una decisión.

¿Sabes que Marta y Juan se casan en verano?
—*En octubre me jubilo.*

Verbos de afección
Gustar, encantar, interesar

(A mí)	me	
(A ti)	te	
(A él/ella/usted)	le	+ gusta(n)
(A nosotros/nosotras)	nos	interesa(n)
(A vosotros/vosotras)	os	encanta(n)
(A ellos/ellas/ustedes)	les	

Impersonalidad
Se + verbo / 2ª persona del singular

—*En Santiago se vive muy bien.*
—*En este centro solo se estudia ruso.*
—*En este centro se estudian varias lenguas.*

—*En Asturias puedes hacer senderismo, ¿verdad?*
—*Cuando estás feliz, los demás te ven más guapo.*

La obligación y el consejo
Tener que + infinitivo

Tener que + infinitivo
—*No puedo salir hoy; tengo que estudiar.*
—*Tienes que hacer el Camino de Santiago, es una experiencia única.*

Existencia y ubicación
Hay/no hay, está

Existencia
—*En Córdoba hay una mezquita muy antigua.*
—*En este barrio hay muchas plazas bonitas.*
—*En mi clase hay tres alemanes.*
—*En mi pueblo no hay cine ni teatro.*

Ubicación
—*La mezquita más famosa de España está en Córdoba.*
—*El cine Rex está en la plaza Mayor.*

Conectores
Y, o, ni... ni...., pero

— *¿Quieres un café o un té?*
— *Un café y un poco de agua.*
—*No, nada, gracias. Ni café ni té.*
—*Vale, un café, pero descafeinado.*

Causa y finalidad
Porque, ¿por qué?, por eso, para

Porque + frase
—*Estudio español porque me encanta.*

¿Por qué? + frase
—*¿Por qué estudias español?*

frase + **por eso** + frase
—*Mi novia es colombiana. Por eso estudio español.*

Para + infinitivo/nombre
—*Estudio español para hablar con mis clientes.*
—*Estudio español para mi currículo.*

¿Para qué? + frase
—*¿Para qué usas el ordenador?*
—*Pues para trabajar, principalmente.*

Frases compuestas
Cuando, si, que, donde

Cuando: frases temporales
—*Siempre compro aceite cuando voy a Jaén.*

Si: frases condicionales
—*Si tienes más de 50 años, también puedes hacer el Camino.*

Donde: frases relativas
—*Esta es la calle donde vive Andrés.*

Que: frases relativas
—*Siempre voy a un hotel que está en el centro.*
—*Vamos a ir a un restaurante nuevo que me han recomendado.*

Que: frases completivas
—*Mis amigos dicen que Bolivia es un país fascinante.*

DICCIONARIO DE CONSTRUCCIONES VERBALES

ABRIR (1)

SIGNIFICA
apartar una puerta

(alguien) (le) **abre** (la puerta) (a alguien)

Esta llave abre la puerta del garaje.

▶▶ **COMBINACIONES FRECUENTES**
Abrir con una llave
Abrir una casa > habitación > puerta > ventana

ABRIR (2)

SIGNIFICA
apartar o quitar la tapa de un recipiente

(alguien) **abre algo**

Vamos a abrir esta caja, a ver qué hay dentro.

▶▶ **COMBINACIONES FRECUENTES**
Abrir una caja > un sobre >
una lata de sardinas > una botella de vino

ABRIR (3)

SIGNIFICA
en una tienda, empezar a atender al público

(un establecimiento) **abre**

¿A qué hora abre el supermercado?

▶▶ **COMBINACIONES FRECUENTES**
Abrir pronto > tarde

ABRIR (4)

SIGNIFICA
estar abierto un establecimiento

(un establecimiento) **abre** en una fecha
o durante un período de tiempo

Los sábados abrimos de 9 a 2 h.
En verano no abrimos por las tardes.

▶▶ **COMBINACIONES FRECUENTES**
Abrir todos los días > los domingos
Abrir en vacaciones

▶▶ **PALABRAS EMPARENTADAS**
Horario de **apertura** al público

ABRIR (5)

▶▶ **OTROS USOS**
abrir los ojos > la boca > la mano > un libro

ACOSTARSE

SIGNIFICA
irse a dormir

(alguien) **se acuesta** (en un determinado momento)

¿A qué hora te acuestas normalmente?
Entre semana, Marta se acuesta muy temprano.

▶▶ **COMBINACIONES FRECUENTES**
Acostarse pronto > tarde > temprano > a las diez y media

ALOJARSE

SIGNIFICA
residir durante un viaje

(alguien) **se aloja** en un lugar

Siempre se alojan en el mismo hotel.

▶▶ **COMBINACIONES FRECUENTES**
Alojarse en un hotel > en casa de amigos

▶▶ **PALABRAS EMPARENTADAS**
El **alojamiento**

ALQUILAR

SIGNIFICA
poseer o usar temporalmente algo de otra persona

(alguien) (le) **alquila** algo (a alguien)

Para ir a Santander alquilaremos un coche.

▶▶ **COMBINACIONES FRECUENTES**
Alquilar un piso > un coche

▶▶ **PALABRAS EMPARENTADAS**
El **alquiler**

ANDAR

SIGNIFICA
avanzar a pie

(una persona o un animal) **anda**

Todas las tardes salgo a andar por el campo.
Me gusta mucho andar por la ciudad.

▶▶ **COMBINACIONES FRECUENTES**
Salir a andar
Andar despacio > deprisa

APRENDER

SIGNIFICA
desarrollar conocimientos o habilidades

(alguien) **aprende** (algo)
(alguien) **aprende** (a hacer algo)

En el colegio aprendemos dos lenguas extranjeras.
Quiero aprender a bailar tango.

▶▶ COMBINACIONES FRECUENTES
Aprender música > lenguas
Aprender a bailar > a nadar

▶▶ PALABRAS EMPARENTADAS
El **aprendizaje**

BAILAR

SIGNIFICA
mover el cuerpo al ritmo de la música

(alguien) **baila**

Los domingos por la tarde vamos a bailar.
Bailas muy bien.

▶▶ COMBINACIONES FRECUENTES
Aprender a bailar
Ir a bailar
Bailar tango > salsa

▶▶ PALABRAS EMPARENTADAS
El **baile**
El **bailarín**
La **bailaora**

BUSCAR

SIGNIFICA tratar de encontrar algo o a alguien

(alguien) **busca** algo o a alguien

Busco una farmacia, ¿hay una por aquí?
Buscamos a alguien con carné de conducir.

▶▶ COMBINACIONES FRECUENTES
Buscar un hotel > una calle > un trabajo > a un amigo

▶▶ PALABRAS EMPARENTADAS
La **búsqueda**

CAMINAR

SIGNIFICA
andar

(alguien) **camina** (por un lugar)

Por las tardes caminamos un rato por el parque.

▶▶ COMBINACIONES FRECUENTES
Caminar deprisa > despacio > solo
Caminar por un bosque > por la playa

▶▶ PALABRAS EMPARENTADAS
El **camino**

CENAR

SIGNIFICA
tomar la última comida del día, por la noche

(alguien) **cena**

Hoy no cenamos en casa.
Para cenar tenemos tortilla de patatas.

▶▶ COMBINACIONES FRECUENTES
Una cena fría > de despedida > de amigos
Cenar con unos amigos > en casa > fuera de casa
Salir a cenar

▶▶ PALABRAS EMPARENTADAS
La **cena** (los alimentos)
La **cena** (el acto social)

CERRAR (1)

SIGNIFICA
dejar incomunicado el interior de un lugar o de un recipiente

(alguien) **cierra** (algo)

Cuando salgo de casa, cierro todas las puertas.

▶▶ COMBINACIONES FRECUENTES
Cerrar con llave
Cerrar una casa > una habitación > una ventana
Cerrar una caja > un sobre

CERRAR (2)

SIGNIFICA
en una tienda u oficina, terminar el horario de atención al público

(un establecimiento) **cierra**

¿A qué hora cierran ustedes los sábados?

▶▶ COMBINACIONES FRECUENTES
No cerrar a mediodía

▶▶ PALABRAS EMPARENTADAS
La hora de **cierre**

CERRAR (3)

▶▶ OTROS USOS
Cerrar los ojos > la boca > la mano > un libro

DICCIONARIO DE
CONSTRUCCIONES VERBALES

COCINAR

SIGNIFICA
preparar alimentos para comerlos

(alguien) **cocina**

A mí me gusta mucho cocinar.

▶ COMBINACIONES FRECUENTES
Cocinar con aceite de oliva > sin sal

▶ PALABRAS EMPARENTADAS
La **cocina** (electrodoméstico)
La **cocina** (habitación de la casa)
El **cocinero**/ La **cocinera**

COMER (1)

SIGNIFICA
tomar alimentos sólidos

(alguien) **come** (algo)

No como carne; soy vegetariano.
Casi no come, y duerme muy mal.

▶ COMBINACIONES FRECUENTES
Comer sano > bien
Comer poco

▶ PALABRAS EMPARENTADAS
El **comedor**
La **comida** (los alimentos)

COMER (2)

SIGNIFICA
tomar la comida del mediodía

(alguien) **come**

En mi casa, normalmente, comemos a las 14 h y cenamos a las 21 h.

▶ COMBINACIONES FRECUENTES
Comer en casa > fuera > en un restaurante
Comer solo > con alguien

▶ PALABRAS EMPARENTADAS
La **comida** (el almuerzo)

COMPRAR

SIGNIFICA
adquirir con dinero la propiedad de algo

(alguien) **compra** algo

Tengo que comprar naranjas para la cena.

▶ COMBINACIONES FRECUENTES
Comprar el pan > el periódico > entradas para el cine

▶ PALABRAS EMPARENTADAS
La **compra**
El **comprador**

COMPRENDER (1)

SIGNIFICA
entender el significado de algo

(alguien) **comprende** algo

No comprendo lo que me dices.
No hablo alemán, pero comprendo un poco.

▶ COMBINACIONES FRECUENTES
Comprender un texto > una frase > una palabra

▶ PALABRAS EMPARENTADAS
La **comprensión**

CONOCER (1)

SIGNIFICA
tratar por primera vez a una persona

(alguien) **conoce** a alguien
(dos o más personas) **se conocen**

Hoy vas a conocer a mis amigos.
Se han conocido esta mañana.

▶ COMBINACIONES FRECUENTES
Conocer gente

CONOCER (2)

SIGNIFICA
haber conocido (conocer-1) a una persona, o haber visto ya un lugar

(alguien) **conoce** a alguien o algo
(dos o más personas) **se conocen**

No conozco a nadie en esta ciudad.
Pedro y Clara se conocen desde el colegio.

▶ COMBINACIONES FRECUENTES
Conocer una ciudad > el camino
Conocer a mucha gente > a todo el mundo
No conocer a nadie

▶ PALABRAS EMPARENTADAS
Los **conocidos**

CONTAR (1)

SIGNIFICA
relatar, narrar

(alguien) (le) **cuenta** algo (a alguien)

¿Quieres contarnos tu viaje al Perú?

▶ COMBINACIONES FRECUENTES
Contar una historia > una experiencia
Contar qué has hecho > qué has visto

▶ PALABRAS EMPARENTADAS
El **cuento**

CONTAR (2)

SIGNIFICA
enumerar, calcular

(alguien) **cuenta** algo

Vamos a contar cuántos invitados tenemos para la comida del domingo.

▶▶ **COMBINACIONES FRECUENTES**
Contar hasta diez

■▶ **PALABRAS EMPARENTADAS**
La **cuenta**
Las **cuentas**

COSTAR

SIGNIFICA
valer, ser el importe de una compra o un servicio

(algo) **cuesta** una cantidad de dinero

¿Cuánto cuesta este reloj?

▶▶ **COMBINACIONES FRECUENTES**
Costar mucho > poco dinero

DAR (1)

SIGNIFICA
entregar

(alguien) (le) **da** algo (**a** alguien)

El vendedor te da un recibo.

▶▶ **COMBINACIONES FRECUENTES**
Dar una buena > mala noticia

DAR (2)

SIGNIFICA
entregar

▶▶ **OTROS USOS**
Dar un paseo > un paso > una vuelta
Darle a alguien las gracias > los buenos días > la mano
Dar clase > un consejo > una conferencia > una charla > una explicación >una respuesta
Dar(le) a alguien un beso > un abrazo
Dar el número de teléfono > la dirección

DECIR

SIGNIFICA
formular con palabras una idea, aportar una información

(alguien) **dice** algo
(un texto) **dice** algo

¿Qué dicen hoy los periódicos?
¿Qué dices? No te oigo bien.

▶▶ **COMBINACIONES FRECUENTES**
Decir que sí > que no > algo

■▶ **PALABRAS EMPARENTADAS**
Un **dicho**

DESAYUNAR

SIGNIFICA
tomar el primer alimento por la mañana

(alguien) **desayuna** (algo)

Siempre desayuna antes de ducharse.
Yo desayuno poco: un café y unas galletas.

▶▶ **COMBINACIONES FRECUENTES**
Desayunar fuerte > poco

■▶ **PALABRAS EMPARENTADAS**
El **desayuno** (los alimentos)
El **desayuno** (la actividad)

DESCANSAR

SIGNIFICA
interrumpir una actividad para reponer fuerzas

(una persona o un animal) **descansa**

Al final del camino descansamos media hora.

■▶ **PALABRAS EMPARENTADAS**
El **descanso**

DESPEDIRSE

SIGNIFICA
decir adiós

(alguien) **se despide** (de alguien)

Vengo a despedirme, mañana salgo de viaje.

■▶ **PALABRAS EMPARENTADAS**
La **despedida**

DORMIR (1)

SIGNIFICA
estar en estado de sueño

(alguien) **duerme**

Tengo que ir al médico, duermo muy mal.

▶▶ **COMBINACIONES FRECUENTES**
Dormir la siesta
Dormir bien > mal > poco > mucho
No poder dormir

DICCIONARIO DE CONSTRUCCIONES VERBALES

DORMIR (2)

SIGNIFICA
pasar la noche en una casa o habitación

(alguien) **duerme** en un lugar

Puedes quedarte a dormir en nuestra casa.

▶▶ **COMBINACIONES FRECUENTES**
Dormir fuera de casa
Dormir solo
Dormir en la calle
Dormir mucho
No poder dormir

EMPEZAR A

SIGNIFICA
iniciar una actividad

(Alguien o algo) **empieza a** hacer algo

¿Cuándo empiezas a trabajar en la nueva empresa?

ESCRIBIR

SIGNIFICA
expresar ideas mediante signos en papel u otro medio visual

(alguien) **escribe** (algo)

Su hermana escribe novelas.
Voy a escribirles una carta a mis padres.

▶▶ **COMBINACIONES FRECUENTES**
Escribir una carta > un correo electrónico
Escribir a mano

▶▶ **PALABRAS EMPARENTADAS**
La **escritura**
El **escritor**/La **escritora**

ESCUCHAR

SIGNIFICA
oír con atención las palabras o los sonidos de otros

(alguien) **escucha** (algo o a alguien)

No escuchas cuando te hablo.
Me gusta escuchar música para dormir.

ESTAR (1)

SIGNIFICA
hallarse, encontrarse

(alguien o algo) **está** (en un lugar)

El teatro está al lado del museo.

▶▶ **COMBINACIONES FRECUENTES**
Estar cerca > lejos > a la izquierda > a la derecha

ESTAR (2)

SIGNIFICA
hallarse, encontrarse

(Alguien) **está** de una determinada forma (física, anímica, social)

Está enfermo.
Estamos muy contentos.

▶▶ **COMBINACIONES FRECUENTES**
Estar contento > triste > preocupado > satisfecho
Estar en buena forma > enfermo > sano
Estar solo > con alguien

ESTAR (3)

SIGNIFICA
hallarse, encontrarse

(Alguien) **está** en una posición familiar

Todos sus hijos están casados.

▶▶ **COMBINACIONES FRECUENTES**
Estar casado > soltero > viudo

ESTUDIAR (1)

SIGNIFICA
tratar de aprender una materia

(alguien) **estudia** (una materia)

Todos los días estudio de 5 a 8 h.
Tienes que estudiar más gramática.

▶▶ **COMBINACIONES FRECUENTES**
Estudiar el vocabulario
Estudiar un rato

▶▶ **PALABRAS EMPARENTADAS**
El **estudio**

ESTUDIAR (2) **SIGNIFICA** cursar estudios superiores	(alguien) **estudia** una carrera o una especialidad	*Su hija estudia Arquitectura en Santiago.*

▶▶ **COMBINACIONES FRECUENTES**
Estudiar Medicina > Derecho > Empresariales

■▶ **PALABRAS EMPARENTADAS**
Los **estudios**

GASTAR **SIGNIFICA** usar el dinero para comprar cosas	(alguien) **gasta** una cantidad de dinero	*En navidades la gente gasta mucho dinero.* *Me gusta este bolso, pero es muy caro; no quiero gastarme tanto dinero.*

■▶ **PALABRAS EMPARENTADAS**
los **gastos**
el **gasto**

GUSTAR **SIGNIFICA** causar satisfacción o placer	(a alguien) **le gusta** (algo, hacer algo)	*A nosotros nos gusta mucho el teatro.* *A Marisa no le gusta cocinar.*

■▶ **PALABRAS EMPARENTADAS**
el **gusto**
el buen > mal **gusto**

HABLAR (1) **SIGNIFICA** comunicarse oralmente	(alguien) **habla** (con alguien) (de algo)	*Quiero hablar contigo de una cosa.* *Bruno es muy tímido, no habla mucho.*

▶▶ **COMBINACIONES FRECUENTES**
Hablar claro > más fuerte > más despacio
Hablar del trabajo > de política > de fútbol
Hablar por teléfono

HABLAR (2) **SIGNIFICA** ser capaz de comunicarse en una determinada lengua	(alguien) **habla** un idioma	*Hablo francés y un poco de ruso.*

HACER (1) **SIGNIFICA** elaborar	(alguien) **hace** algo	*Juan hace una paella muy rica.*

▶▶ **COMBINACIONES FRECUENTES**
Hacer un bizcocho

HACER (2) **SIGNIFICA** practicar	(alguien) **hace** una actividad	*Paula hace mucho deporte.* *Quiero hacer un viaje por Estados Unidos.*

▶▶ **COMBINACIONES FRECUENTES**
Hacer deporte > gimnasia > teatro > turismo > un viaje

HACER (3)	▶▶ **OTROS USOS** Hace buen > mal tiempo Hace calor > frío

DICCIONARIO DE CONSTRUCCIONES VERBALES

HAY (1)
SIGNIFICA
existe

Hay algo (en algún sitio)

En la plaza hay una farmacia.
En la casa no hay nadie.

▶▶ **COMBINACIONES FRECUENTES**
Hay alguien
Hay mucha > poca gente
No hay nadie

INTERESAR
SIGNIFICA
atraer, gustar

(a alguien) **le interesa** (algo)

A mis amigos les interesa mucho la historia de la ciudad.

■▶ **PALABRAS EMPARENTADAS**
El **interés**
Interesante

IR
SIGNIFICA
dirigirse a un lugar

(una persona, un animal o un vehículo) **va** (de un lugar a otro)

El próximo domingo vamos a la playa.
Los lunes no voy a la escuela.

▶▶ **COMBINACIONES FRECUENTES**
Ir a clase > al trabajo > al médico > al campo > a la playa > al cine > al fútbol > a la iglesia
Ir en coche > en taxi > en autobús > en tren > en avión > en bicicleta > en moto > a pie
Ir de viaje > de excursión > de paseo > de compras

■▶ **PALABRAS EMPARENTADAS**
La **ida**
(De) **ida** y vuelta

JUGAR
SIGNIFICA
realizar una actividad para divertirse, participar en un juego

(alguien) **juega** (a algo) (con alguien)

Todas las semanas juega al tenis con su amiga.

▶▶ **COMBINACIONES FRECUENTES**
Jugar al tenis > al fútbol > al ajedrez > al golf

■▶ **PALABRAS EMPARENTADAS**
El **juego**
El **jugador**

LEER
SIGNIFICA
interpretar un texto escrito

(alguien) **lee** (algo)

Yo leo los periódicos digitales de varios países.
No sabe leer porque no ha ido a la escuela.

▶▶ **COMBINACIONES FRECUENTES**
Leer el periódico > un libro > una carta

■▶ **PALABRAS EMPARENTADAS**
La **lectura**
El **lector**

LEVANTARSE
SIGNIFICA
salir de la cama después de dormir,

(alguien) **se levanta**

¿A qué hora te levantas los domingos?

▶▶ **COMBINACIONES FRECUENTES**
Levantarse pronto > tarde

LLAMAR
SIGNIFICA
iniciar una comunicación telefónica

(alguien) **llama** (a alguien) (por teléfono)

Tengo que llamar a la compañía del gas.
Luego te llamo y hablamos.

▶▶ **COMBINACIONES FRECUENTES**
Llamar (a alguien) al móvil > al fijo

■▶ **PALABRAS EMPARENTADAS**
La **llamada**

LLAMARSE
SIGNIFICA
tener un nombre

(alguien) **se llama** un nombre

La nueva profesora se llama Maribel.

▶▶ **COMBINACIONES FRECUENTES**
¿Cómo te llamas?

LLEGAR SIGNIFICA alcanzar el destino de un viaje o un camino	(una persona o un vehículo) **llega** (a un lugar)	*El barco de Roma llega a Valencia a las 21.30 h.*
	▶ **COMBINACIONES FRECUENTES** Llegar tarde > a tiempo	▶ **PALABRAS EMPARENTADAS** La **llegada**
LLEVAR (1) SIGNIFICA trasladar una cosa de un lugar a otro	(una persona) **lleva** algo o a alguien (a un lugar)	*Puedo llevarte a tu casa en mi coche.*
	▶ **COMBINACIONES FRECUENTES** ¿Te llevo a casa?	
LLEVAR (2) SIGNIFICA tener algo consigo mismo	(alguien) **lleva** algo	*En la cartera llevo la copia del contrato.*
	▶ **COMBINACIONES FRECUENTES** Llevar algo (en la maleta, en el bolso, en el bolsillo, en la mano) Llevar mucho > poco equipaje	
LLEVAR (3) SIGNIFICA vestir o tener puesto algo	(alguien) **lleva** algo	*El novio de Ana lleva un piercing en la oreja.*
	▶ **COMBINACIONES FRECUENTES** Llevar gafas > pantalones > falda > sombrero Llevar el pelo corto	
LLEVAR (4) SIGNIFICA contener	(un alimento) **lleva** un ingrediente	*Esta sopa lleva cebolla.*
	▶ **COMBINACIONES FRECUENTES** Llevar sal > aceite > ajo	
LLOVER SIGNIFICA caer agua de las nubes	**llueve**	*En esta región llueve mucho.*
		▶ **PALABRAS EMPARENTADAS** La **lluvia**
MERENDAR SIGNIFICA tomar un alimento a media tarde	(una persona) **merienda** (algo)	*Normalmente meriendo un café y un cruasán.* *En casa merendamos entre las 5 y las 6h.*
		▶ **PALABRAS EMPARENTADAS** La **merienda** (el alimento) La **merienda** (la actividad)
NACER SIGNIFICA empezar a vivir	(una persona o un animal) **nace**	*En nuestro país nacen muy pocos niños.* *Yo nací en 2010.*
		▶ **PALABRAS EMPARENTADAS** El **nacimiento** La fecha de **nacimiento** El lugar de **nacimiento**
NADAR SIGNIFICA moverse en el agua sin tocar el suelo	(un animal o una persona) **nada**	*Los sábados por la mañana voy a nadar a una piscina cerca de casa.*
	▶ **COMBINACIONES FRECUENTES** Nadar en el mar > en un río > en una piscina	▶ **PALABRAS EMPARENTADAS** La **natación** El **nadador**

DICCIONARIO DE CONSTRUCCIONES VERBALES

NEVAR
SIGNIFICA
caer la nieve

nieva

Mañana va a nevar en muchas zonas del país.

▪▶ **PALABRAS EMPARENTADAS**
La **nieve**

PASAR (1)
SIGNIFICA
suceder

Algo **pasa** (en un lugar y en un tiempo)

En este pueblo nunca pasa nada especial.

▶▶ **COMBINACIONES FRECUENTES**
¿Qué pasa?

PASAR (2)
SIGNIFICA
atravesar

(Una persona, un vehículo, un camino, un río) **pasa** por un lugar

El río Ebro pasa por Zaragoza.
Vamos a Austria pasando por Italia.

▪▶ **PALABRAS EMPARENTADAS**
El **paso** (el paso del Ecuador)

PASAR (3)
SIGNIFICA
estar en un lugar durante un tiempo

(Alguien) **pasa** un tiempo (en un lugar, o en una situación)

Voy a pasar seis meses en Cuba.

PASEAR
SIGNIFICA
caminar despacio y por placer

(alguien) **pasea** (por un sitio)

Después de comer vamos a pasear por la ciudad.

▶▶ **COMBINACIONES FRECUENTES**
Pasear por el campo > el bosque > las calles

▪▶ **PALABRAS EMPARENTADAS**
El **paseo**
Dar un **paseo**

PREFERIR
SIGNIFICA
considerar una cosa mejor que otra

(alguien) **prefiere** una cosa (a otra cosa)

No quiero ir al concierto, prefiero ir a pasear.
¿Qué prefieres, carne o pescado?

PRONUNCIAR
SIGNIFICA
emitir los sonidos al hablar

(alguien) **pronuncia** algo

En español, la H no se pronuncia.

▶▶ **COMBINACIONES FRECUENTES**
Pronunciar una palabra
Pronunciar bien > mal > claro > despacio

▪▶ **PALABRAS EMPARENTADAS**
La **pronunciación**

RESERVAR
SIGNIFICA
llamar o escribir a un hotel o restaurante para disponer de plaza

(alguien) **reserva** algo (en un establecimiento)

Quiero reservar una habitación para el próximo fin de semana.

▶▶ **COMBINACIONES FRECUENTES**
Reservar una habitación > un billete > una plaza

▪▶ **PALABRAS EMPARENTADAS**
La **reserva**
Hacer > Anular una **reserva**

SALIR (1)
SIGNIFICA
ir de dentro a fuera

(alguien o algo) **sale** (de un lugar) (a otro lugar)

¿A qué hora sales del trabajo?

▶▶ **COMBINACIONES FRECUENTES**
Salir de casa > de la ciudad > del país
Salir del trabajo > de la escuela > de la universidad
Salir a la calle > al campo

▪▶ **PALABRAS EMPARENTADAS**
La **salida** del trabajo

SALIR (2) SIGNIFICA ir a lugares de ocio	(alguien) **sale**	*Le gusta mucho salir con amigos a tomar algo.*

▶❯ **COMBINACIONES FRECUENTES**
Salir con amigos
salir de noche
Salir a comer > a cenar

SALIR (3) SIGNIFICA partir	(una persona o un vehículo) **sale** (en una fecha y hora)	*El próximo tren a Sevilla sale a las 17 h.* *Mañana salimos hacia Chile.*

▶❯ **COMBINACIONES FRECUENTES**   ◼▶ **PALABRAS EMPARENTADAS**
Salir puntual > con retraso   La **salida**

SALUDAR SIGNIFICA decir hola o buenos días	(alguien) **saluda** (a alguien)	*Mira, allí están los padres de Marcos ; voy a saludarlos.*

▶❯ **COMBINACIONES FRECUENTES**   ◼▶ **PALABRAS EMPARENTADAS**
Saludar cordialmente >educadamente   El **saludo**

SER (1)	(alguien/algo) **es** algo	*Inés es ingeniera.* *Bogotá es la capital de Colombia.* *Esto es un bolígrafo.*

▶❯ **COMBINACIONES FRECUENTES**
Soy yo
¿Quién es?
Es ideal para
Es importante > normal

SER (2) SIGNIFICA proceder de un lugar	(alguien/algo) **es de** algún lugar	*Soy de Mallorca.* *Liliana es argentina, de Mendoza.*

SER (3) SIGNIFICA pertenecer, ser obra de	(algo) **es de** alguien	*Esta cartera es de Pablo.* *Este poema es de Neruda.*

SER (4) SE USA PARA situar en el tiempo	**es/son** + una referencia temporal	*Es la una.* *Son las ocho de la tarde.*

▶❯ **COMBINACIONES FRECUENTES**
Es de día > de noche
Es pronto > tarde

TENER (1) SIGNIFICA poseer	(alguien) **tiene** algo	*Ese libro lo tiene Carlos en su casa.* *Mis padres tienen una casa en la montaña.*

▶❯ **COMBINACIONES FRECUENTES**
Tener coche > perro

DICCIONARIO DE
CONSTRUCCIONES VERBALES

TENER (2) SIGNIFICA sentir	(alguien) **tiene** una sensación	*Tengo mucho sueño, me voy a la cama.*

▶▶ **COMBINACIONES FRECUENTES**
Tener hambre > sueño > dolor de cabeza
Tener ganas de

TENER (3)

▶▶ **USOS VARIOS**
Tener amigos > tener hijos > hermanos > familia
Tener años
Tener tiempo
Tener vacaciones
Tener problemas

TOCAR (1) SIGNIFICA poner la mano en contacto con algo o con alguien	(alguien) **toca** algo o a alguien	*Toca esta manta, es muy suave.*

▶▶ **COMBINACIONES FRECUENTES**
Tocar con los dedos
No tocar

TOCAR (2) SIGNIFICA extraer sonido de un instrumento musical	(alguien) **toca** un instrumento	*Laura toca muy bien la guitarra.*

▶▶ **COMBINACIONES FRECUENTES**
Tocar el piano > la guitarra > el saxofón

TOMAR (1) SIGNIFICA beber, comer	(alguien) **toma** algo (comida o bebida)	*Yo voy a tomar pescado.* *Nunca tomo vino ni café.*

▶▶ **COMBINACIONES FRECUENTES**
Tomar de primero > de segundo > de postre

TOMAR (2) SIGNIFICA coger	(alguien) **toma** algo	*Toma esto, es para ti.*

TOMAR (3) SIGNIFICA hallarse, encontrarse		

▶▶ **OTROS USOS**
Tomar un taxi > un barco

TRABAJAR SIGNIFICA tener una ocupación profesional	(alguien) **trabaja** (en algún sitio)	*Ahora trabajo en otra empresa.*

▶▶ **COMBINACIONES FRECUENTES**
Trabajar en un banco > en una empresa
Trabajar por las mañanas
Trabajar los domingos
Trabajar en verano
Trabajar de taxista > de vendedora

▶ **PALABRAS EMPARENTADAS**
El **trabajo**
El **trabajador**, la **trabajadora**

TRAER SIGNIFICA llevar algo adonde está quien habla	(alguien) **trae** algo	*¿Puedes traer mañana a clase el portátil?*

VALER

SIGNIFICA
tener un precio determinado

(un objeto o un servicio) **vale** una cantidad de dinero

¿Cuánto vale esta camisa?
Esa casa vale mucho dinero.

■▶ **PALABRAS EMPARENTADAS**
El **valor**

VER (1)

SIGNIFICA
percibir con los ojos

(una persona o un animal) **ve** algo

Todos los meses veo cuatro o cinco películas.

▶▶ **COMBINACIONES FRECUENTES**
Ver bien > mal
Ver series > películas

■▶ **PALABRAS EMPARENTADAS**
La **vista** (sentido)

VER (2)

SIGNIFICA
contemplar, visitar

(una persona) **ve** algo

En este viaje vamos a ver varias ciudades.

▶▶ **COMBINACIONES FRECUENTES**
Ver un país > una ciudad > un monumento >
un paisaje > la naturaleza > los animales

■▶ **PALABRAS EMPARENTADAS**
La **vista** (panorámica)

VIAJAR

SIGNIFICA
ir en un vehículo (coche, avión...) a otra ciudad, a otro país

(alguien) **viaja** (a un lugar, por un lugar)

Ahora la gente viaje mucho.

▶▶ **COMBINACIONES FRECUENTES**
Viajar en tren > en avión > en barco > a caballo
Viajar por el mundo > por un país

■▶ **PALABRAS EMPARENTADAS**
El **viaje**
El **viajero**

VISITAR (1)

SIGNIFICA
ir a ver a una persona

(alguien) **visita** a alguien

Este fin de semana vamos a visitar a mi abuela.

▶▶ **COMBINACIONES FRECUENTES**
Visitar a la familia >a los amigos
Ir a visitar a alguien

■▶ **PALABRAS EMPARENTADAS**
La **visita**
hacer una **visita** (a alguien)

VISITAR (2)

SIGNIFICA
ir a conocer un lugar

(alguien) **visita** algo

Esta tarde vamos a visitar el centro histórico.

▶▶ **COMBINACIONES FRECUENTES**
Visitar

■▶ **PALABRAS EMPARENTADAS**
La **visita**

VIVIR (1)

SIGNIFICA
estar vivo

(alguien) **vive**

Mi abuelo aún vive, tiene 102 años.
Es un artista que vivió en el siglo pasado.

▶▶ **COMBINACIONES FRECUENTES**
Vivir tranquilo
Vivir sin problemas

■▶ **PALABRAS EMPARENTADAS**
La **vida**
Estar **vivo**

VIVIR (2)

SIGNIFICA
habitar en un lugar

(una persona o un animal)
vive en un lugar

Clara vive cerca del parque.
¿Dónde vives?

▶▶ **COMBINACIONES FRECUENTES**
¿Dónde vives?
Vivir solo > con alguien > en casa de sus padres

■▶ **PALABRAS EMPARENTADAS**
La **vivienda**

VOLVER

SIGNIFICA
regresar

(Una persona, un animal o un vehículo) **vuelve**
(de un lugar a otro lugar)

Todos los días vuelvo a casa a las 7 de la tarde.
¿A qué hora vuelves del trabajo?

▶▶ **COMBINACIONES FRECUENTES**
Volver a casa > a su país >al trabajo >a su sitio

■▶ **PALABRAS EMPARENTADAS**
La **vuelta**

DELE A1

PRUEBA 1
Comprensión de lectura
• Tarea 1
• Tarea 2
• Tarea 3
• Tarea 4

PRUEBA 2
Comprensión auditiva
• Tarea 1
• TArea 2
• Tarea 3
• Tarea 4

PRUEBA 3
Expresión e interacción escritas
• Tarea 1
• Tarea 2

PRUEBA 4
Expresión e interacción orales
• Tarea 1
• Tarea 2
• Tarea 3
• Tarea 4

QUÉ SON LOS DELE

Los **DELE** o **Diplomas de Español como Lengua Extranjera** son el título oficial que otorga el **Instituto Cervantes**. Acreditan el nivel de competencia de la lengua española en las siguientes actividades comunicativas de la lengua: **comprensión de lectura**, **comprensión auditiva**, **expresión e interacción escritas** y **expresión e interacción orales**.

Existen **seis niveles**, que corresponden a los reconocidos por el Consejo de Europa: **A1**, **A2**, **B1**, **B2**, **C1** y **C2**.

ESTRUCTURA DEL DELE A1

Prueba 1
COMPRENSIÓN DE LECTURA
Contiene cuatro tareas y se debe responder un total de 25 ítems.

Prueba 2
COMPRENSIÓN AUDITIVA
Contiene asimismo cuatro tareas y 25 ítems.

Prueba 3
EXPRESIÓN E INTERACCIÓN ESCRITAS
Contiene dos tareas.

Prueba 4
EXPRESIÓN E INTERACCIÓN ORALES
Contiene cuatro tareas.

En el examen te entregarán una **Hoja de respuestas**. En ella debes:

• anotar tus opciones para las pruebas de Comprensión de lectura y Comprensión auditiva.

• hacer las tareas de la prueba de Expresión e interacción escritas.

Puedes ampliar la información en la página oficial de los diplomas de español DELE del Instituto Cervantes:

dele.cervantes.es

PRUEBA 1
COMPRENSIÓN DE LECTURA

CARACTERÍSTICAS DE LA PRUEBA

- La prueba de Comprensión de lectura contiene cuatro tareas.
- Debes responder 25 preguntas o ítems.
- La duración es de 45 minutos.
- Cuenta un 25% de la calificación total del examen.

INFORMACIÓN ÚTIL

- Lee cada texto independientemente.

- Lee con atención. Empieza por el texto 1, normalmente el más sencillo. Por lo general, a medida que avanzas, aumenta la dificultad.

- Las instrucciones son muy importantes. Es esencial entenderlas antes de empezar a leer el texto.

- Si hay palabras que no entiendes, piensa si se parecen a otras palabras de tu lengua.

PRUEBA DE COMPRENSIÓN DE LECTURA
TAREA 1

Tipos de texto
Mensajes de correo electrónico breves, cartas breves, notas, etc.

Temas
Información relacionada con el ámbito personal: la ciudad, los estudios, el trabajo, la familia, las aficiones, etc.

Número de ítems
5

Qué tengo que hacer
Marcar la opción adecuada

 Nuestros consejos

- Lee las instrucciones de la tarea. Ten en cuenta que está escritas en la forma de **usted**.

- Después lee el texto y cada una de las preguntas y concéntrate en su significado.

- Generalmente, las preguntas siguen el orden de la información del texto.

- Concéntrate en qué se pide en cada pregunta e intenta localizar la parte del texto donde se encuentra la información relacionada con ella.

- Recuerda que debes marcar las respuestas en la Hoja de respuestas.

PRUEBA DE COMPRENSIÓN DE LECTURA
TAREA 1

Instrucciones

Usted va a leer un correo electrónico de Juan a su amiga Elena. A continuación lea las preguntas (1-5) y seleccione la opción correcta (A, B, C o D).

Debe marcar la selección en la **Hoja de respuestas**.

Para: elena.santis@mail.com

Asunto: ¡¡¡Hola!!! :)

Hola, Elena:

¡Por fin te escribo! ¿Cómo estás? ¡Yo feliz porque ya vivo en Barcelona! La ciudad es preciosa y tiene muchos lugares interesantes. Vivo en una zona muy céntrica, bastante cerca del casco antiguo y muy bien comunicada. Lo mejor es que puedo ir a pie o en bici a todas partes.

Mi piso es genial: me encanta. Tiene tres habitaciones y un salón precioso. Da a un parque y tiene mucha luz. Lo que menos me gusta es que los fines de semana hay mucho ruido :(.

En general, mi vida aquí es bastante tranquila. Entre semana me levanto muy temprano, sobre las 6. Me gusta estudiar un poco antes de ir a la universidad, y algunos días voy al gimnasio antes de desayunar. Por la tarde llego a casa sobre las 4 h y... bueno, le dedico muchas horas a mi nuevo pasatiempo favorito: la fotografía. Mira, te mando algunas de mis fotos más recientes, a ver si te gustan.

Escríbeme y cuéntame cómo te va a ti en el nuevo trabajo. ¡Y tienes que venir a visitarme!

Un abrazo fuerte,

Juan

---

1. Juan escribe a Elena para...

a. hablar de su familia.
b. contar qué hace los fines de semana.
c. contar cómo es su nueva vida.
d. invitarla a ir al gimnasio.

2. El piso de Juan...

a. está a las afueras de la ciudad.
b. es muy oscuro.
c. tiene dos habitaciones.
d. está cerca del centro.

3. A Juan no le gusta...

a. hacer fotografías.
b. el ruido de la calle.
c. vivir en Barcelona.
d. ir al gimnasio.

4. En el correo Juan dice que...

a. se levanta pronto.
b. trabaja en el centro.
c. llega a casa por la noche.
d. va al gimnasio después de desayunar.

5. ¿Qué hace Juan por la tarde?

a.

b.

c.

d.

Tipos de texto
10 mensajes cortos

Temas
Información puntual sobre horarios de establecimientos, carteles sencillos de establecimientos públicos, mensajes personales sobre la familia, los gustos, sugerencias, etc.

Número de ítems
6

Qué tengo que hacer
Relacionar seis mensajes (de un total de diez) con seis frases

❗ Nuestros consejos

• Hay diez mensajes, pero solo seis frases, así que sobran cuatro mensajes.

• Lee las instrucciones. Ten en cuenta que están escritas en la forma de **usted**.

• Es importante leer los mensajes uno a uno y después leer las frases que debes relacionar con ellos.

• Lee atentamente las frases 6 a 10.

• Intenta asociar el mensaje de cada frase con un anuncio. Para ello, piensa qué palabras te pueden ayudar.

• Empieza relacionando el que te parece más fácil y deja los más complicados para el final.

• Recuerda que debes marcar las respuestas en la Hoja de respuestas.

Instrucciones
Usted va a leer unos mensajes. Debe relacionar los mensajes (A-J) con las frases (6-11). Hay diez mensajes, incluido el ejemplo. Seleccione seis.

Debe marcar la relación en la **Hoja de respuestas**.

Ejemplo

Frase 0: No puedes pasar con el perro.
La opción correcta es la A porque está prohibida la entrada de animales.

A.

B.

C.

CENTRO DEPORTIVO HIDALGO
HORARIO DE CLASE DE BAILE

(LUNES Y JUEVES)
16.00 / 17.00   17.00 / 18.00   18.00 / 19.00
SALSA   TANGO   BAILE
                                  CONTEMPORÁNEO

D.

Hola Toni:
¿Vas a venir a la fiesta de Juan esta tarde?
Te esperamos,
Celia

E.

LOLA ARTISTA
¿Quieres preparar una fiesta diferente?

Fiestas de cumpleaños con talleres de magia, teatro o baile. Más información en el teléfono 76589002.

F.

Notificación a todos los vecinos del edificio

Debido a las protestas de varios propietarios, entre las 11 de la noche y las 7 de la mañana se ruega silencio.

Gracias por respetar las normas.
La comunidad de vecinos

G.

Museo Fotográfico Cistierna

Exposición
El mundo de la fotografía en blanco y negro

Entrada gratuita de 9 a 17 de martes a domingo.
Lunes cerrado.

H.

ESTUDIO CLACK
Tarjetas personalizadas para fiestas, cumpleaños, bautizos, bodas. Precios competitivos.
Alta tecnología en todas nuestras creaciones.
WWW.CLAKESTUDIO.NET

I.

¿TE GUSTA VIAJAR?
¡Plazas limitadas!

Ven con nosotros a Parque Nacional de Mestaza. Nuestra próxima excursión se realiza el 18 de mayo. Interesados escribir antes del 14 de mayo a: juanarten@telcom.net

J.

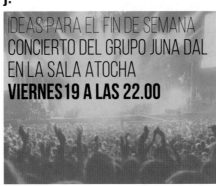

IDEAS PARA EL FIN DE SEMANA
CONCIERTO DEL GRUPO JUNA DAL EN LA SALA ATOCHA
VIERNES 19 A LAS 22.00

K.

Centro Maravillas Sala 3   Sábado 20 a las 18.00

Fedefreak

Entrada: 10 euros
Entrada gratuita para niños menores de 12 años

	Frases	Mensajes
0	No puedes pasar con el perro.	A
6	La entrada es gratis para todo el mundo.	
7	Si quieres ir, tienes que escribir un mensaje de correo electrónico.	
8	Informan del precio de las entradas.	
9	Si quieres participar, tienes que visitar una página web.	
10	Los viernes no hay clase.	
11	Se organizan fiestas.	

PRUEBA DE COMPRENSIÓN DE LECTURA
TAREA 3

Tipo de texto
Diez textos cortos

Temas
Actividades de ocio, lugares, viajes, etc.

Número de ítems
6

Qué tengo que hacer
Relacionar seis frases e imágenes con los anuncios correspondientes

---

 Nuestros consejos

- Solo hay seis respuestas, así que no todos los textos se utilizan. Normalmente hay varios anuncios con información similar; por eso es muy importante leer la información con atención.

- Lee las instrucciones. Recuerda que están escritas en la forma de **usted**.

- Luego lee los textos yseñala las palabras importantes (actividad, fecha, día, etc.) en cada uno. Si alguno es muy difícil, pasa a otro y deja ese para el final. Puedes volver a los más difíciles después.

- Recuerda que debes marcar las respuestas en la Hoja de respuestas.

Instrucciones
Usted va a leer unos anuncios de lugares para visitar. Debe relacionar los anuncios (A-J) con los textos (12-17). Hay diez anuncios, incluido el ejemplo. Seleccione seis. Debe marcar la relación en la **Hoja de respuestas**.

Ejemplo

Texto 0: Me gusta llevar a mis hijos a escuchar música al aire libre.

La opción correcta es la A.

A. Parque Ezeiza
Situado en un entorno espectacular, el Parque Ezeiza es un lugar maravilloso dentro de la ciudad. En él hay gran variedad de plantas y árboles autóctonos. Como parte de la nueva campaña para acercar la música a los niños, de abril a junio hay conciertos todos los domingos a las 12 h.

B. Museo Alféizar
El museo más moderno de la provincia está dedicado exclusivamente a artistas de la zona. Durante este mes se puede visitar una exposición del pintor José Serrano. Horario: de martes a domingo de 10 a 18 h.

C. Parque de esculturas El Linar
Si te gusta la escultura y la naturaleza, esta es la combinación perfecta. Situado a las afueras de la ciudad (a tan solo 5 kms), El Linar tiene la colección de esculturas modernas más importante del país. Entrada gratuita. Horario: de 11 a 17 h.

D. Centro acuático Las Palomas
Si te gusta la natación, este complejo tiene tres piscinas climatizadas, una de ellas olímpica. Ofrece cursos desde el nivel principiante hasta el avanzado, y todos los estilos. Horario: todos los días de 7 a 23 h.

E. Ruta verde Las Acacias
Una posibilidad de recorrer en bicicleta la antigua ruta del ferrocarril, hoy convertida en ruta verde. Más de 15 kms de extensión para disfrutar del paisaje y la naturaleza. Una actividad para toda la familia.

F. Centro comercial Luces
Este centro comercial está a 15 kms del centro de la ciudad, pero se llega fácilmente en coche o autobús. Con las mejores tiendas de decoración, regalos y complementos, y las marcas de ropa más famosas.

G. Teatro Campanar

Con la dirección de Sonia Liberti, el Teatro Campanar es el lugar para disfrutar de la mejor música de la temporada. El próximo viernes a las 19.30 la ópera Vivanti, una obra llena de intriga y dramatismo.

H. Plaza Central

Un paseo por la plaza central no se olvida. Su arquitectura, su ambiente multicultural y las tiendas de artesanía son uno de los atractivos más importantes de la ciudad. Descubre la historia de la plaza, sus casas y edificios con nuestras visitas guiadas. Todos los días de 11 a 13 h. Información: www.visitaytur.es.

I. Espacio multidisciplinar Llauro

Un lugar para disfrutar del cine, el teatro y la danza. Abre sus puertas a todos los públicos y ofrece un programa de actividades muy variado. Todos los domingos hay talleres creativos para niños. Información sobre exposiciones y actividades: www.llauro.net.

J. Edificio Sol

Sin duda el mejor espacio para el verano. En el ático se encuentra el famoso restaurante Volavent, con excelentes platos de cocina creativa. Espacio reservado para grandes grupos. Abierto de miércoles a domingo de 6 de la mañana a 12 de la noche (solo temporada de verano de mayo a septiembre).

Texto

0 Me gusta ir con mis hijos a escuchar música al aire libre.

 A

12 Este fin de semana queremos ir a comer a un lugar diferente.

13 No tengo coche y necesito comprar un regalo para un amigo. Le encanta la ropa de marca.

14 Queremos llevar a nuestros hijos a un taller de pintura para niños.

Texto

15 A Rafael y a Jaime les gusta ir en bicicleta al campo los fines de semana.

16 Me interesa mucho la historia.

Fernando García de Cortázar
José Manuel González Vesga
Breve historia de España

17 Queremos ir a un estreno musical. Nos encanta la ópera.

PRUEBA DE COMPRENSIÓN DE LECTURA
TAREA 4

Tipo de texto
Anuncios con información específica

Temas
Datos personales, familia, ciudades, rutina diaria, actividades laborales, de estudios y de ocio

Número de ítems
8

Qué tengo que hacer
Completar unas frases con palabras extraídas de los anuncios

❗ Nuestros consejos

- Lee primero las instrucciones. Recuerda que están escritas en la forma de **usted**.

- Lee luego las frases para intentar anticipar el contenido de los textos.

- Lee después los textos e intenta relacionar cada uno de ellos con la frase correspondiente.

- Después vuelve a leer y busca qué palabra o palabras pueden encajar en la frase. Para ello puedes fijarte en las otras palabras que la acompañan, en el género y número, por ejemplo. Piensa también que muchas veces son las mismas que aparecen en los anuncios u otras muy similares.

- Recuerda que debes escribir las respuestas en la Hoja de respuestas.

Instrucciones
Usted va a leer una serie de anuncios. Complete las frases (18-25) con la información de los textos. Escriba las palabras en la **Hoja de respuestas**.

BIBLIOTECA ANTONIO MACHADO: TABLÓN DE ANUNCIOS

Asociación Libris
www.libris.org

Aceptamos todo tipo de libros para nuestra campaña "Libros para las escuelas". Regalamos los libros a las bibliotecas escolares de la provincia.

Se ofrecen clases de revisión, particulares o en pequeños grupos, para todas las asignaturas de Humanidades.

Tenemos especialistas en lengua, literatura, idiomas y geografía.

info@profesunidos.com
www.profesunidos.com

Pintor y decorador a domicilio.

Se hacen todos los trabajos, desde los más sencillos hasta los más complicados.

Más de 20 años de experiencia.

Llama al 657890345.

Vendo bicicleta en muy buen estado. 50 Euros.

Interesados, llamar al teléfono: 679345677.

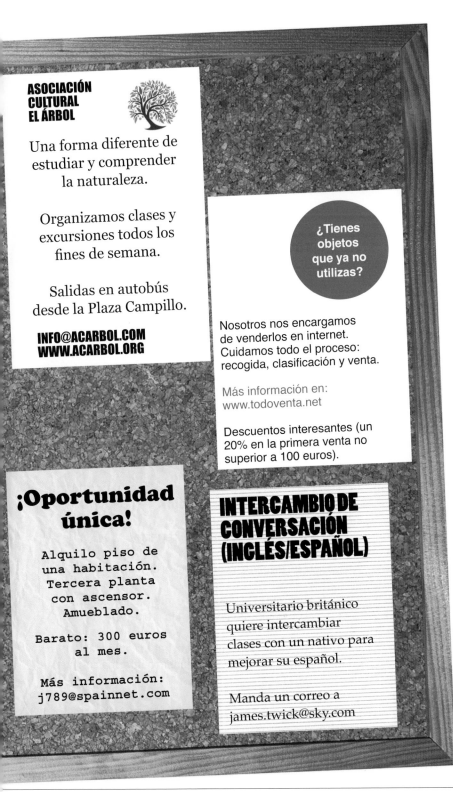

ASOCIACIÓN CULTURAL EL ÁRBOL

Una forma diferente de estudiar y comprender la naturaleza.

Organizamos clases y excursiones todos los fines de semana.

Salidas en autobús desde la Plaza Campillo.

INFO@ACARBOL.COM
WWW.ACARBOL.ORG

¿Tienes objetos que ya no utilizas?

Nosotros nos encargamos de venderlos en internet. Cuidamos todo el proceso: recogida, clasificación y venta.

Más información en:
www.todoventa.net

Descuentos interesantes (un 20% en la primera venta no superior a 100 euros).

¡Oportunidad única!

Alquilo piso de una habitación. Tercera planta con ascensor. Amueblado.

Barato: 300 euros al mes.

Más información:
j789@spainnet.com

INTERCAMBIO DE CONVERSACIÓN (INGLÉS/ESPAÑOL)

Universitario británico quiere intercambiar clases con un nativo para mejorar su español.

Manda un correo a
james.twick@sky.com

a. Los libros que recibe la Asociación Libris son para (18) _____ provinciales.

b. Los fines de semana hay (19) _____ organizadas por la Asociación Cultural El Árbol.

c. El precio de la bicicleta es de _____ (20) euros.

d. Para realizar el intercambio de conversación tienes que (21) _____ un correo a James.

e. El descuento de todoventa.net es del (22) _____ si vendes objetos que cuestan menos de 100 euros.

f. Si tengo problemas con la Geografía, puedo ir a (23) _____ particulares de revisión.

g. El pintor y decorador puede realizar todo tipo de (24) _____ .

h. Si no tienes mucho dinero y buscas un piso (25) _____ , puedes alquilar uno de una habitación y amueblado por 300 euros.

PRUEBA 2 COMPRENSIÓN AUDITIVA

CARACTERÍSTICAS DE LA PRUEBA

- La prueba de Comprensión auditiva contiene cuatro tareas.
- Debes responder 25 preguntas.
- La duración es de 20 minutos.
- Cuenta un 25% de la calificación total del examen.

INFORMACIÓN ÚTIL

- Cada diálogo o texto se escucha dos veces.

- Antes de escuchar la primera vez tienes unos segundos para leer las preguntas. Empieza a leer las preguntas y mira las imágenes.

- Si hay palabras que no entiendes, intenta relacionarlas con palabras que son similares en tu lengua.

- Entender todas las palabras es, muchas veces, imposible. Por eso debes concentrarte en encontrar la información que pide cada tarea. Si la primera vez hay algo que no entiendes, no te preocupes, puedes intentar comprenderlo la segunda vez que escuchas.

- Revisa bien las preguntas, las instrucciones y las respuestas, ya que cada tarea tiene actividades diferentes.

- Sigue este orden en las tareas; es el orden del examen.

PRUEBA DE COMPRENSIÓN AUDITIVA
TAREA 1

Tipo de texto
Diálogos breves

Temas
Datos personales, familia, ciudades, rutina diaria, actividades laborales, de estudios y de ocio

Número de ítems
5

Qué tengo que hacer
Relacionar una imagen con el diálogo que escuchas

❗ Nuestros consejos

- Solo hay una respuesta correcta.

- Lee primero la información de las preguntas.

- Examina las imágenes e intenta relacionarlas con palabras clave de cada pregunta.

- La primera vez que escuchas la conversación, intenta distinguir la palabra o información que se busca.

- La segunda vez puedes confirmar tu hipótesis.

- Recuerda que debes escribir las respuestas en la Hoja de respuestas.

PRUEBA DE COMPRENSIÓN AUDITIVA
TAREA 1

Instrucciones

Va a escuchar cinco conversaciones. Hablan dos personas. Las conversaciones se repiten dos veces. Hay cuatro imágenes (A, B, C, D) para cada conversación. Usted debe seleccionar la imagen que está relacionada con la conversación.

Debe marcar la respuesta en la **Hoja de respuestas**. Ahora va a escuchar un ejemplo.

0. ¿A qué hora comen?

a.   b.   c.   d.

La opción correcta es la A.

1. ¿Qué va a tomar la clienta?

a.   b.   c.   d.

2. ¿Cómo va al trabajo el hombre?

a.   b.   c.   d.

3. ¿Qué número es el autobús?

a.   b.   c.   d.

4. ¿Dónde vive el hermano de Sonia?

a.   b.   c.   d.

5. ¿Qué hace Elena por las tardes?

a.   b.   c.   d.

Tipo de texto:
Mensajes cortos

Temas
Datos personales, familia, ciudades, rutina diaria, actividades laborales, de estudios y de ocio

Número de ítems
5

Qué tengo que hacer
Relacionar una imagen con cada mensaje

! **Nuestros consejos**

• Hay nueve imágenes, pero solo seis se corresponden con un mensaje. Hay cuatro que no se corresponden con ninguno.

• Escucha el mensaje del narrador.

• Antes de empezar a escuchar, piensa qué imagen se puede relacionar con qué palabras.

• Escucha la primera audición e intenta relacionar los mensajes con las imágenes.

• En la segunda audición puedes comprobar y completar los que faltan.

• Si no has tenido tiempo, lo puedes hacer después también (tienes 40 segundos para revisar antes de pasar a la tarea 3).

Instrucciones
Usted va a escuchar cinco mensajes. Cada mensaje se repite dos veces. Debe relacionar los mensajes con las imágenes (relacione los números con las letras). Hay nueve imágenes, incluido el ejemplo. Seleccione cinco.

Debe marcar la relación en la **Hoja de respuestas**.

Ahora va a escuchar un ejemplo. Atención a las imágenes.

Imágenes

0. F

6. ____

7. ____

8. ____

9. ____

10. ____

Ejemplo

Mensaje 0: Silencio, por favor. El examen tiene 10 preguntas.

La opción correcta es la letra F.

A.

B.

C.

D.

E.

F.

G.

H.

I.

TAREA 3

◄⑴ 51

Tipo de texto
Monólogo. Una persona narra o describe algo

Temas
Descripción de personas, actividades, gustos, etc.

Número de ítems
8

Qué tengo que hacer
Relacionar información distribuida en dos columnas

❗ Nuestros consejos

- Hay ocho letras y doce frases. Es decir, cuatro frases no se corresponden con ninguna letra.

- Lee primero las instrucciones para saber cuál es el tema: descripción de personas, actividades, horarios, gustos, etc.

- Lee después la información de las columnas.

- Asegúrate de que entiendes todo el contenido de las dos columnas. Si no entiendes alguna palabra, el contexto te puede ayudar.

- En la primera audición presta atención a la información de la primera columna, ya que la información que da el audio sigue ese orden.

- Además, en la primera audición, fíjate en palabras clave de la segunda columna que te pueden ayudar a relacionar la información.

- Puedes confirmar tus hipótesis la segunda vez que escuchas.

Instrucciones
Usted va a escuchar a un chico, Miguel, que habla de lo que quieren hacer sus amigos y su familia durante las vacaciones de verano. La información se repite dos veces.
A la izquierda están los nombres de las personas. A la derecha, la información sobre ellas. Usted debe relacionar los números (11-18) con las letras (A-L). Hay doce letras, incluido el ejemplo. Seleccione ocho.
Debe marcar la relación en la **Hoja de respuestas**.

Ahora va a escuchar un ejemplo.

0. Miguel
11. Juan
12. Elena
13. La familia de Miguel
14. Alfredo
15. Eloísa
16. Germán
17. La familia de Pablo
18. Carina

Ejemplo

MIGUEL: Yo quiero hacer un curso de natación, pero tengo que estudiar porque tengo exámenes a finales de agosto.

La opción correcta es la letra D.

A. va a jugar al tenis.

B. no se va de vacaciones este verano.

C. quiere visitar a sus primos.

D. tiene que estudiar.

E. trabaja en un hotel.

F. va a visitar a Miguel y su familia.

G. va a pasar dos semanas con su familia.

H. quiere estudiar idiomas.

I. quiere hacer un curso de natación.

J. va a pasar a ir unos días a un hotel.

K. va a viajar con su novia.

L. va aquiere ir a un festival de música.

0. _____ D _____
11. _____
12. _____
13. _____
14. _____
15. _____
16. _____
17. _____
18. _____

Tipo de texto
Diálogo

Temas
Información sobre un lugar, una actividad, etc.

Número de ítems
7

Qué tengo que hacer
Completar frases con palabras del diálogo

❗ Nuestros consejos

- Lee primero la información de las instrucciones para saber cuál es el tema: una ciudad, unas vacaciones, una actividad, etc.

- Lee después la información de las frases para completar.

- Intenta pensar en la posible información que falta: un adjetivo, una hora, un nombre, un lugar, etc.

- Asegúrate de que entiendes todo el contenido. Si no entiendes alguna palabra, el contexto te puede ayudar.

- En la primera audición presta atención a las palabras que están relacionadas con la información de cada frase.

- Anota las más importantes. No te preocupes mucho ahora por la ortografía, en la segunda audición tienes tiempo de corregir.

- La segunda audición te servirá para escoger la palabra adecuada.

- Si no has tenido tiempo, lo podrás hacer después también. Tienes 40 segundos para revisar antes de pasar a la tarea 3).

Instrucciones

Usted va a escuchar a María hablando con su amigo Felipe sobre su visita a Salamanca. Va a escuchar la conversación dos veces.

Hay siete frases que no están completas. Debe escribir en los espacios las palabras que faltan, como en el ejemplo.

Debe escribir las palabras en la **Hoja de respuestas**.

Ejemplo

0. Elena se va a quedar una ___Semana___ en Salamanca.

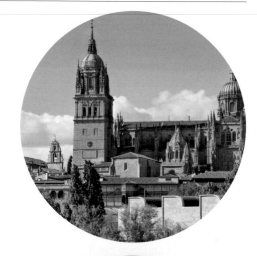

19. Salamanca es una ciudad muy bonita, _____

y con una historia impresionante.

20. La Plaza Mayor está en el _____ de la ciudad.

21. Puedes recorrer la ciudad en _____ .

22. El restaurante Casa Pepe es muy _____ .

23. Tiene platos _____ y muy ricos.

24. En la calle principal hay librerías, tiendas de

_____ y regalos muy interesantes.

25. María tiene que llevar un abrigo porque en Salamanca

hace _____ .

PRUEBA 3
EXPRESIÓN E INTERACCIÓN ESCRITAS

CARACTERÍSTICAS DE LA PRUEBA

- La prueba de Expresión e interacción escritas contiene dos tareas.

- La duración es de 25 minutos.

- Cuenta un 25% de la calificación total del examen.

INFORMACIÓN ÚTIL

- Antes de realizar las pruebas escritas puedes practicar con textos cortos sobre temas parecidos (información personal, familia, trabajo, ciudad, vacaciones, estudios, pasatiempos).

- Trabaja con textos como formularios, cartas, correos electrónicos, notas, etc. sobre los temas y el vocabulario que has visto en clase.

- Puedes buscar textos similares en internet o en los libros de español para aprender más vocabulario y ver los distintos formatos.

- Revisa los puntos de gramática que has estudiado en clase.

- Debes escribir los textos en el espacio reservado para cada tarea en el cuadernillo correspondiente.

PRUEBA DE EXPRESIÓN E INTERACCIÓN ESCRITAS
TAREA 1

Tipo de texto
Formulario

Temas
Información personal básica

Qué tengo que hacer
Completar un formulario

 Nuestros consejos

- Lee con atención las instrucciones.

- Después lee el formulario para comprender qué tienes que contestar.

- En algunas partes tienes que marcar la información con una cruz (x), pero en otras tienes que completar información con palabras o frases.

- Después de terminar, vuelve a leer la información para comprobar que has completado todos los espacios y que la información es correcta.

- En la última lectura revisa la ortografía, la puntuación, los posibles errores de concordancia, etc.

Instrucciones

Usted quiere completar un formulario para conseguir una tarjeta de cliente del Centro Comercial Sol y obtener descuentos en sus compras. Debe completar el siguiente formulario.

CENTRO COMERCIAL SOL

Nombre y apellidos:

Eres...

O hombre   O mujer

¿Qué productos te interesan?

Correo electrónico:

Teléfono:

¿Cómo prefieres la comunicación?
(Indica una opción)

O Por correo
O Por correo electrónico
O Por teléfono

Dirección:

Escribe por qué te gusta el Centro Comercial Sol (8–10 palabras).

Edad:

Escribe qué quieres hacer durante el fin de semana en el Centro Comercial Sol (8–10 palabras).

Puedes entregar tu formulario de lunes a sábado de 10 a 22 h.

Tu tarjeta de cliente Centro Comercial Sol está en camino. ¡Disfrútala!

PRUEBA DE EXPRESIÓN E INTERACCIÓN ESCRITAS
TAREA 2

Tipo de texto
Mensaje de correo electrónico, postales, cartas breves, anuncios o notas informativas

Temas
Datos personales, familia, ciudades, rutina diaria, actividades laborales, de estudios y de ocio

Qué tengo que hacer
Escribir un texto

Número de palabras
Entre 30 y 40

ⓘ Nuestros consejos

- Lee con atención las instrucciones.

- Presta atención a todos los elementos que debe incluir tu texto: presentación, datos, despedida, etc.

- Es importante respetar el límite de palabras: entre 30 y 40; ni más, ni menos.

- Después de terminar, vuelve a leer la información para comprobar que es correcta y que has contestado a todos los puntos que te piden.

- En la última lectura, revisa la ortografía, la puntuación, la construcción de las frases, la concordancia, etc.

Instrucciones
Usted va a estudiar español durante el verano. Va a hacer un curso en una escuela de Chile y va a vivir con una familia del país. Escriba un correo electrónico a esa familia. En él debe:

- saludar
- presentarse (nombre, nacionalidad, edad, ocupación)
- decir cuándo llega (día y hora)
- hacer una pregunta a la familia sobre el país
- despedirse

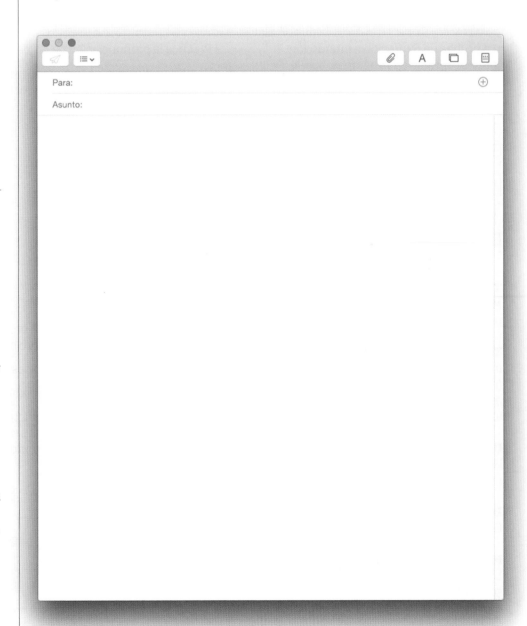

PRUEBA 4
EXPRESIÓN E INTERACCIÓN ORALES

CARACTERÍSTICAS DE LA PRUEBA

- La prueba de Expresión e interacción orales contiene cuatro tareas: dos de expresión y dos de interacción.

INFORMACIÓN ÚTIL

- Practica la pronunciación de las palabras.

- Puedes grabarte mientras practicas y después escuchar la grabación para mejorar tu pronunciación y tu entonación.

PRUEBA DE EXPRESIÓN E INTERACCIÓN ORALES
TAREA 1
PRESENTACIÓN PERSONAL

Tipo de texto
Monólogo breve y preparado

Temas
Información personal (nombre, edad, trabajo, estudios, familia, aficiones, etc.)

Qué tengo que hacer
Hablar durante unos minutos sobre ti

Duración
Entre 1 y 2 minutos

Material
Lámina con categorías sobre información personal

❗ Nuestros consejos

- Para las tareas 1 y 2 tienes 15 minutos de preparación. En ese rato puedes tomar notas, pero no escribir frases enteras. Puedes utilizar tus notas en el examen.

- Lee atentamente las instrucciones de cada tarea.

- Mira la lámina e intenta comprender todos los elementos que se presentan.

- Intenta imaginar qué información puedes dar sobre cada tema de la lámina.

- Haz frases claras y sencillas.

- Debes hablar de todos los temas.

- Para practicar, puedes crear láminas similares con otros temas del libro o de otros textos.

Instrucciones
Usted debe hacer su presentación personal durante 1 o 2 minutos. Puede hablar sobre los siguientes aspectos:

PRUEBA DE EXPRESIÓN E INTERACCIÓN ORALES
TAREA 2
EXPOSICIÓN DE UN TEMA

Tipo de texto
Monólogo breve y preparado

Tema
Información personal (familia, escuela, trabajo, tiempo libre, rutina diaria, etc.)

Qué tengo que hacer
Hablar sobre un tema

Duración
Entre 2 y 3 minutos

Material
Lámina con categorías sobre información personal

❗ Nuestros consejos

- Para las tareas 1 y 2 tienes 15 minutos de preparación. En esos minutos puedes tomar notas, pero no escribir frases enteras. Puedes utilizar tus notas en el examen.
- Lee atentamente las instrucciones de cada tarea.
- Mira la lámina e intenta comprender todos los temas que se presentan.
- Intenta imaginar qué información puedes dar sobre cada tema.
- Piensa en frases claras y sencillas.
- Tienes que seleccionar tres de los cinco temas (puedes elegir los que conoces mejor).
- Las preguntas de ayuda pueden guiar tu presentación, pero tienes que añadir información extra.
- Intenta trabajar con los temas de las láminas de ejemplo y prepara todos los temas del libro: crea una estrella con un tema central y cinco temas adicionales para cada uno (repasa el vocabulario e intenta hacer frases sencillas y claras).
- Para practicar, puedes crear láminas similares con otros temas del libro o de otros textos (tu ciudad, tu familia, etc.).

Instrucciones
Usted debe seleccionar tres de las cinco opciones para hablar
durante dos o tres minutos.

Rutina diaria

Puede hablar de...
- Qué hace usted normalmente
- A qué hora
- Dónde

PRUEBA DE EXPRESIÓN E INTERACCIÓN ORALES
TAREA 3
CONVERSACIÓN CON EL ENTREVISTADOR

Tipo de texto
Conversación con el entrevistador

Tema
El que has escogido en la tarea 2

Qué tengo que hacer
Responder preguntas del entrevistador sobre el tema de la tarea 2

Duración
Entre 3 y 4 minutos

❗ Nuestros consejos

- Repasa el vocabulario del libro.

- Esta tarea es una conversación sobre la presentación que has hecho en la tarea 2. Por eso debes pensar en preguntas que te puede hacer el entrevistador y tus posibles respuestas. Intenta hacer frases cortas y sencillas.

- Para practicar, prepara preguntas y respuestas sobre temas relacionados con tu entorno (tu familia, tus amigos, tus planes, tu rutina diaria, tus viajes, tu trabajo, tu ciudad, tu país, etc.). Estos son algunos posibles:

	Posibles temas	**Posibles preguntas**
Rutina diaria	• transporte • trabajo • comidas • tiempo libre • horario	**1.** ¿A qué hora te levantas? **2.** ¿Qué haces por la mañana? ¿Y por la tarde? ¿Y por la noche? **3.** ¿Cómo vas al trabajo? **4.** ¿Te gusta ir en autobús? ¿Por qué? **5.** ¿Qué te gusta comer? **6.** ¿Qué haces con tus amigos? **7.** ¿Qué aficiones tienes? **8.** ¿Qué haces en tu tiempo libre?
Mi ciudad	• ¿Dónde está? • ¿Qué lugares y edificios interesantes hay? • ¿Cómo es? • ¿Qué es es lo que más te gusta? • ¿Qué es lo que menos te gusta?	**1.** ¿Cómo es tu ciudad? **2.** ¿Te gusta vivir allí? ¿Por qué? **3.** ¿Cuál es tu ciudad favorita? ¿Por qué? **4.** ¿Te gusta viajar a otros lugares? **5.** ¿Prefieres la ciudad o el campo? **6.** ¿Te gustan las ciudades grandes o pequeñas? **7.** ¿Qué se puede hacer en tu ciudad? **8.** ¿Tienes recomendaciones para un turista?
Un miembro de mi familia	• ¿Dónde vive? • ¿Cómo es físicamente? • ¿Cómo es su carácter? • ¿Qué hace en un día normal? • ¿Qué cosas le gustan?	**1.** ¿Qué hace normalmente ? **2.** ¿Cómo es físicamente y de carácter? **3.** ¿Cuántos miembros hay en tu familia? **4.** ¿Dónde viven? **5.** ¿Qué actividades haces con ellos? **6.** ¿Tienes cosas en común con ellos (gustos, aficiones, trabajo, etc.)?

Instrucciones
Va a tener una conversación con el entrevistador sobre su presentación y sobre su exposición del tema.
La conversación durará aproximadamente 3 minutos.

PRUEBA DE EXPRESIÓN E INTERACCIÓN ORALES
TAREA 4
DIÁLOGOS BASADOS EN LÁMINAS

Tipo de texto
Breves diálogos basados en fotografías

Tema
Información puntual sobre temas sencillos de la vida cotidiana

Duración
Entre 2 y 3 minutos

Qué tengo que hacer
Mirando las imágenes, debes hacer preguntas al entrevistador, que él va a responder. Luego cambiáis: él pregunta y tú respondes.

Material
Láminas con fotografías para provocar breves diálogos

❗ Nuestros consejos

- Repasa el vocabulario del libro.
- Piensa en posibles preguntas y respuestas sobre temas relacionados con tu entorno (tu familia, tus amigos, tus planes, tu rutina diaria, tus viajes, tu trabajo, tu ciudad, tu país, etc.).
- Intenta hacer frases cortas y sencillas.

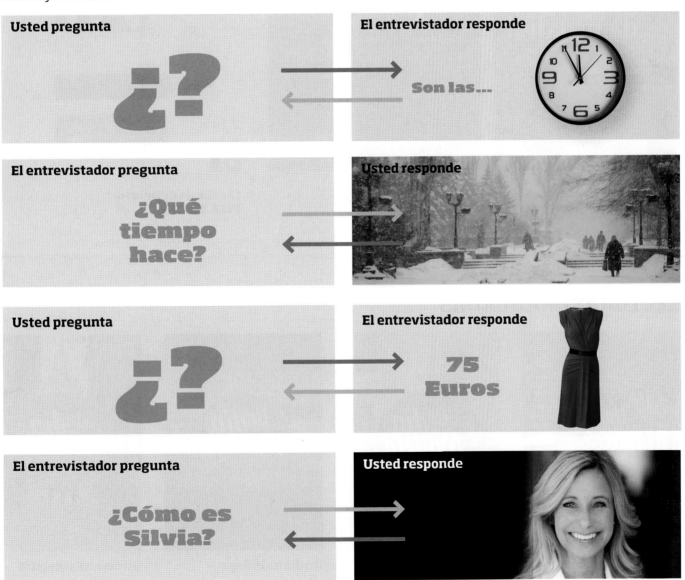

Si quieres consolidar tu nivel **A1**, te recomendamos:

GRAMÁTICAS

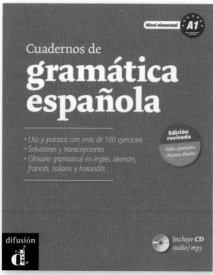

PREPARACIÓN PARA EL DELE

Gramática básica del estudiante de español

Cuadernos de gramática española A1

Las claves del nuevo DELE A1

LECTURAS GRADUADAS

Un día en Barcelona

Un día en Madrid

Un día en Málaga

Un día en Salamanca